AF325663

MAGALI-BOISNARD

L'ALERTE AU DÉSERT

LA VIE SAHARIENNE

PENDANT LA GUERRE 1914-1916

Préface de Marius-Ary LEBLOND

DEUXIÈME ÉDITION

Librairie académique PERRIN et Cie.

L'ALERTE AU DÉSERT

MAGALI-BOISNARD

L'ALERTE AU DÉSERT

LA VIE SAHARIENNE

PENDANT LA GUERRE 1914-1916

Si tu savais les secrets du désert,
tu penserais comme moi....
ABD-EL-KADER

Préface de Marius-Ary LEBLOND

PARIS

LIBRAIRIE ACADÉMIQUE

PERRIN ET Cie, LIBRAIRES-ÉDITEURS

35, QUAI DES GRANDS-AUGUSTINS, 35

1916

PRÉFACE

—

Magali-Boisnard n'est ni une débutante ni
une inconnue. Elle est, de toutes les femmes,
l'écrivain français le plus richement doué et le
mieux informé qu'ait produit l'Algérie. Elle
voit, avec des yeux qui ne clignent pas, la réalité au-dessus de laquelle son enthousiasme
déploie toujours de la lumière. Aussi est-elle
bien de ce pays de soleil où les ombres mêmes
sont chatoyantes. Elle l'a parcouru en tous
sens, avec le goût de l'espace et la compréhension vive des races nomades.

Un de ses livres, *les Endormies*, qui, dans
ses pages graves et tragiques, recèle de très
subtiles et savoureuses analyses de *femmes-
enfants* de l'Islam Algérien, reste le plus pré-

cieux guide pour connaître le monde musulman et juger de l'avenir arabe, domaine de psychologie et d'influence dont Magali-Boisnard a
la maîtrise. Et nous n'avons pas oublié le jour
où, dans l'amphithéâtre de la Sorbonne, cette
jeune fille prononçait sur *les rapports de la
pensée française et de l'Islam nord-africain*
un discours fort et délicat que le public et la
grande presse applaudirent.

Déjà, nous la connaissions un peu. On avait
écrit d'elle que : « Issue d'une famille provençale
où il y avait des seigneurs et des serfs, et où
l'une de ses aïeules, simple bergère, improvi-
sait des chants sous les oliviers, elle devait hé-
riter de l'amour du soleil et de la poésie. Trans-
plantée dès ses premiers pas dans l'Atlas algérien, où ses parents apportaient à un vaste
domaine forestier le geste colonisateur, elle
vécut une enfance sauvage et une adolescence
vigoureuse parmi des montagnards aux tra-
ditions vieilles comme les grandes exodes qui
les avaient laissés là, parlant la langue arabe à
l'égal de sa langue maternelle, galopant les
chevaux sans bride, affrontant toute la forêt

avec ses fauves, ses fabuleux incendies et ses chasseurs de panthères. »

La profondeur de pensée et d'énergie acquise à cette vie si spéciale et si forte devait marquer ses premiers poèmes ardents, aérés, puis son roman *la Vandale*, où s'évoquent les fastes dramatiques du déclin de l'Afrique romaine, avec une érudition précise et un don chaleureux de reconstitution. — Mais sa prédilection comme son souci d'action et d'art devaient se fixer à étudier jusqu'en ses plus secrets replis et à traduire pour nous l'étrange et capricieuse mentalité des races musulmanes qui lui sont si familières et sur lesquelles son influence morale, toute de droiture inflexible, d'amitié sérieuse, de respect et d'universelle estime, est si grande.

« *Nedjma* (Étoile), — ainsi la nomment les chansons, les récits et le peuple bédouin, — Nedjma fait plus que parler comme nous, elle pense avec nous, » disait un Arabe.

Mais ses qualités restent bien françaises.

Elle donne à la revue *la Vie* une collaboration d'un intense intérêt. Nous avons pu juger de la supériorité de sa rare documentation et de son savoir par les nombreuses conférences qu'elle fit dans les diverses sociétés savantes dont elle fut souvent lauréate, dans nos grandes villes de France, et à Paris, où elle vient de se faire récemment entendre aux Conférences Chateaubriand et à l'Orphelinat des Arts.

Après un silence de trois années, pendant lesquelles elle promenait à travers le Sahara, devenu sa résidence, son bonheur de jeune femme, elle nous est revenue toute vibrante du souffle de la guerre, avec une série fière de fermes poèmes qu'a donnés la *Revue des Deux Mondes* et ces superbes pages d'enseignement, de lumière et de vérité qui composent *l'Alerte au Désert*.

Marius-Ary Leblond.

AVERTISSEMENT

Lecteur, écoute.

Je ne suis pas de ta ville et je suis peu de ton
pays puisque, au temps où me berçait encore la
chanson des nourrices provençales, ma destinée
m'emporta dans la forêt nord-africaine et plus tard
dans le Sahara. J'ai vécu toute la vie arabe et j'ai
aimé le peuple d'Orient parmi lequel j'apprenais à
penser. Depuis, j'ai éprouvé le sentiment français
de mes aïeuls et j'ai admiré cette race des Gaules
qui gardait mes origines.

Dans la douceur des sables familiers et l'engourdissement du soleil musulman, la Guerre vint me
réveiller et m'apprendre que je n'étais pas déraci-
née de la terre des Chênes, que le meilleur et le
plus généreux de ma sève je le devais au vieil
humus, que mes préférés d'entre les hommes

n'étaient pas ceux avec lesquels j'avais rêvé, mais ceux qui allaient lutter, souffrir et vaincre.

¢ Femme, je n'avais droit ni au casque, ni au fusil, ni à la frontière. Mais j'avais droit à la parole qui est une force..

Parce que je pensais souvent avec l'Islam et que j'étais dès longtemps accoutumée à comprendre l'âme de ses fils, mon influence pouvait être bonne. , Dans la patrie nouvelle, je l'ai mise au service de la vieille patrie. J'ai circulé de la montagne à l'oasis, du campement au village, du jardin à la maison. J'ai vu et entendu. J'ai dû parler beaucoup pour abolir des légendes et rétablir des vérités.

, D'étape en étape et de jour en jour, voici dans ces pages le résumé de ces choses.

Elles ne composent pas un livre à tendances ; elles ne sont que traduction et récit. Il faut les lire à la manière des contes qui dégagent des moralités différentes selon l'esprit du lecteur. Ce sont aussi des instantanés d'expressions et de gestes au hasard des échos et des reflets d'une passionnante époque. Au Désert, comme à Paris, sceptiques et optimistes se sont coudoyés et heurtés. Les étincelles de ces chocs ne sont pas de celles qui peuvent allumer des incendies, mais faire parfois la lumière...

Maintenant, lecteur, pardonne à ce livre de psal-
modier parfois avec la monotonie d'un chant saharien, d'évoquer des scènes étranges ou de te parler
le langage barbare de là-bas...

M.-B.

OMBRES SUR LE SOLEIL

A Monsieur *Georges Goyau*.

Le paradis est à l'ombre des glaives.

(Parole de Mahomet.)

Les sultans ont les caprices des enfants et les griffes du lion.

(Parole d'un Sage.)

O mon seigneur Abdelkader Djilani !
    sultan des Saints,
qui montais une jument rouge,
    père du drapeau,
sauveur de l'embarrassé,
    chéri de Dieu,
fais-Lui passer notre supplique !

(Prière du Sahara.)

Nous avalons le suc du laurier-rose
Et nos yeux ne voient que le mal.

(Chanson d'Alger.)

ENFANTS DE GUEDDACHA

Le village de Gueddacha qui compte plus de cent feux. Un seuil de maison arabe dans l'oasis, au bord de la « seguïa [1] ». Sur l'autre bord, une famille de palmiers au carrefour de trois chemins.

Un homme, jeune et pâle, est assis contre les palmiers, le regard errant dans le vague de l'air, parmi les insaisissables poussières et l'heure rose du soir. Sa présence attire d'autres présences.

Une enfant noire à tête d'animal vicieux, dégingandée comme un chamelon, s'amuse à sauter la seguïa. Agrippé à son dos, poupée inerte et solide, un négrillon nouveau-né rebondit aux soubresauts de la maigre échine qui le porte.

Blanche, coquette et souple telle une danseuse, une petite Oasienne marche dans l'eau pour le plaisir pervers de s'éclabousser de vase et d'argile.

Plusieurs s'acharnent à fustiger un tout petit titubant qui hurle et crache contre elles, pareil à un fennec pris au piège.

— Mammïa !...

1. Ruisseau dans les palmeraies.

La fillette blanche bondit, écoute, trousse plus haut sa robe jaune sur ses cuisses minces et se replonge dans l'eau.

— Mammïa !... — Le nom retentit, vociféré en cri de rage.

La joueuse s'en va, obéissant enfin à l'appel jailli d'entre les terrasses. Elle revient bientôt de la fontaine avec un vase de faïence bleue ruisselant d'eau fraîche.

— Mammïa, par ta gentillesse ! laisse-nous..., prie un chœur enfantin.

Et chaque gamine trempe les lèvres dans le vase pour la joie rare de boire autrement qu'au creux de ses mains.

Comme détachée des flancs d'une amphore, une adolescente passe par le carrefour. Elle a sur l'épaule une coupe de bois d'olivier pleine de semoule que maintient le geste charmant de son bras nu, de sa paume renversée, de ses doigts peints.

Le jeune homme pâle modifia sa position afin qu'une troupe de chevreaux franchît la seguïa et pénétrât dans la maison.

Des tourterelles habitaient au-dessus de sa tête entre les palmes. Un épervier cinglait à travers le ciel. Un essaim d'étourneaux roses et dorés volait contre le soleil.

Des ânes et des mules chargés de paille foulée se heurtaient dans les chemins étroits.

Une senteur de benjoin vint d'une koubba proche, où brûlaient incessamment des offrandes.

Les petites filles bientôt femmes, près de l'homme
jeune et tranquille, mêlaient leur jeunesse puérile
et hardie à la tendre fraîcheur de l'eau.

Cependant, une inquiétude trouble bientôt le
jeu des enfants.

— Pourquoi les gens ne sont-ils pas encore ici?
demande soudain l'enfant noire.

Aucun des habitants du village, qui fréquentent
le marché de la cité saharienne et française voisine, n'est revenu selon l'habitude et malgré l'heure
avancée.

Mais des groupes apparaissent, qui gesticulent
à mi-voix.

Et lorsqu'ils sont au carrefour :

— Notre frère, ô notre frère! cette chose est arrivée; les Allemands et les Français font la guerre.
Prenons garde à nous et veillons, car certainement
les nomades vont venir nous tuer pour voler nos
dattes! — A chaque événement considérable, la terreur des Oasiens est d'être pillés par les Nomades,
qui profitent du trouble.

Le jeune homme tressaille, tiré de sa béatitude.
Des phrases brèves et peureuses, il retient seulement qu'un événement s'accomplit auquel il ne
pourra pas rester étranger.

Et les autres s'éloignent, pressés de répandre
leur message.

Dans la seguïa, les petites se sont immobilisées, le menton dans la main, les dents mordillant les ongles, les yeux lointains, comme fouillant l'incommensurable profondeur des choses évoquées par les mots saisis au passage, l'attitude pensive et crédule.

— Je sais, je sais bien ! fait la petite blanche.

Toutes ensemble s'élancent, courant, envolées tels des oiseaux qui virent le fusil, égaillées et disparues dans les ruelles, les jardins, les brèches de murailles.

Leur course a rencontré le petit bonhomme titubant qu'elles persécutaient tout à l'heure et, preste, l'une d'elles le précipite dans la seguïa.

— C'est la guerre maintenant ! Houa !...

Il se débat, pareil à un chat noyé, sans cris, la face convulsée, toute vieillie et cendreuse. Mais la négresse est revenue. Elle l'enlève ruisselant de boue. Elle le baise sur sa bouche tordue d'où le cri de terreur et de colère, le sanglot, s'échappe enfin. Et, portant ses deux fardeaux vivants, l'un paisible sur sa maigre échine, l'autre frémissant sur sa poitrine étroite, elle marche vers la sécurité des logis.

La nouvelle tragique n'effraya point les femmes. Elle fit luire leurs yeux et multiplia les questions sur leur langue véloce.

Mais toute la nuit, excités par l'insomnie de leurs maîtres, les chiens hurlèrent furieusement sur les terrasses et dans les plantations où les palmiers offraient la magnificence et le poids de leurs régimes avec la calme allégresse des faciles fécondités

— S'il plaît à Dieu, les Nomades viendront voler les dattes et faire aussi la guerre, pensaient mystérieusement les petites filles de Gueddacha.

De bouche à oreille, elles se confiaient les propos audacieux qu'elles tiendraient à ces gens redoutables.

EL-AHZARI

La déclaration de guerre était affichée sur tous les murs.

Ce soir-là, vers onze heures de nuit, le fils d'El-Ahzari rentra dans la maison familiale en ricanant.

Ses frères dormaient sur la terrasse ; mais son père, couché dans le noir retrait qui creusait l'épaisseur du mur de terre, alluma une bougie pour l'accueillir.

L'arrivant raconta ce qu'il venait de voir sur la route ; — un défilé funambulesque, une vingtaine de cavaliers s'interpellant dans les ténèbres et échangeant des railleries lourdes à l'adresse des autorités. Ils montaient à poil des chevaux de rebut ou traînaient par la crinière les plus chancelants. Leurs loques de vagabonds recrutés dans les fondouks s'appareillaient à l'aspect sinistre et délabré des animaux hirsutes.

On eût dit tantôt des larves échappées aux sépulcres et tantôt des démons.

C'était les gens désignés pour garder l'accès d'Elchar par la route du nord et les pistes du désert.

— Les Français ont-ils peur des Allemands ou des Arabes ? Vraiment, voici des sentinelles faites pour assassiner les voyageurs !

— « Ils » ont peur de nous, dit El-Ahzari, dont l'ancêtre était Turc.

Le fils s'accroupit contre l'amas de tapis qui supportait le repos paternel.

La bougie éclairait le visage blême et sournois de l'un, la vieille face patriarcale et astucieuse de l'autre.

— S'ils laissent voir qu'ils ont peur, peut-être est-ce parce qu'ils sont certains de pouvoir se garder ?

— Mon fils, leurs visages sont des livres ouverts. Regarde ; tu liras tout.

— Resteront-ils les plus forts ?

— Souviens-toi de ce que nous disaient les Allemands, en hiver. Ceux-ci étaient savants. Ils parlaient notre langue et savaient lire dans les textes.

— La France va appeler tous ses soldats. Que laissera-t-elle pour surveiller le pays ? Tous les Nomades ont le droit de porter des fusils... Ne pourrions-nous déterrer les armes cachées dans la terre de nos maisons ?...

— Rejoins tes frères.

Et le vieux renard demeura seul dans sa tanière, remâchant des désirs confus, des projets incomplets, mal définis.

El-Ahzari était un homme connu de tous les

villages et devenu riche par fraude et hâbleries.

On le disait capable de tromper un Juif et deux M'zabis.

Intelligent et sagace, méditatif et lettré, fort d'une manière d'assimilation personnelle et de l'obscurantisme soigneusement entretenu parmi ses fils et les influences féminines de son harem, courtisan avec les groupes européens, hautain avec les indigènes, il incarnait une puissance occulte et définitive.

Aux heures rituelles, il tournait vers l'Orient sa face pharisaïque et priait haut, en communauté avec ses enfants mâles.

On l'accusait d'avoir été l'un des plus habiles propagateurs des idées d'exode qui, pendant un temps, poussèrent vers une autre terre promise les Musulmans de l'Afrique du Nord. Il s'était ainsi trouvé acquéreur à bon compte des biens de ceux qui s'en allaient. On lui connaissait des sympathies allemandes. Lors des événements de Tripolitaine, il avait fait montre de ses prédilections ottomanes.

Parce que tous ceux qui le fréquentaient avaient quelque raison de le haïr, il jouissait d'une grande considération.

Les mystérieux pouvoirs d'El-Ahzari s'affirmèrent avec la marche des événements.

Avant l'affichage du télégramme officiel, les commensaux du vieux renard surent l'entrée de la cavalerie teutonne à Bruxelles. Des mensonges ou des invraisemblances s'ajoutaient à l'exactitude de certains faits.

Les possesseurs de dattes, de grains et de bêtes de somme furent secrètement prévenus que des réquisitions sans dédommagement allaient les atteindre pour l'armée, que les garnisons du Sud étaient vides, que les Nomades, redescendant des plateaux d'estivage, auraient beau jeu de pillage dans les oasis.

Une effervescence de terreur silencieuse, mais hostile, gagna les plus pacifiques.

On prit des fantômes pour des réalités.

Un cheikh déclara solennellement qu'un avion allemand avait survolé son « douar », puis disparu.

Devant les preuves d'impossibilité données par les autorités, le cheikh et ses témoins répétaient :

— Nous avons vu.

— C'était un aigle dans le ciel.

— Nous connaissons les oiseaux ; ce n'était ni un aigle ni un nuage. Nous avons vu.

Ils restèrent convaincus de l'audace germanique et de l'aveuglement des Français.

Les commissions de remonte firent des achats. Les fils d'El-Ahzari interpellaient les gens qu'ils rencontraient présentant leurs poulains de trois ans et leurs mules de charge et de labour :

— Fous et rapaces, qui vendez votre salut pour de l'argent ! Comment fuirez-vous le jour où vous serez attaqués ?

— Cela est vrai, ripostait un planteur, dont le

vieux mulet taré ressemblait à l'hippogriffe. Cela est vrai. Quant à moi, je ne me séparerais pas de la monture qui m'est chère à l'égal d'un enfant !

On allait aux nouvelles dans la maison d'El-Ahzari, lequel parlait avec indifférence et soulignait de gestes bénisseurs les phrases troublantes.

— « Nos » tirailleurs ont épouvanté la Garde prussienne ; mais cela n'a pas empêché la défaite de Charleroi...

Les Allemands sont sous les murs de Paris... Le gouvernement français a pris la fuite...

Les Zaïan et les Chleuhs ont entrepris de chasser les Chrétiens du Maroc et les ont battus à Khenifra et sur l'Oum-er-Reb'ia. Vous ne connaissez pas ces pays ; mais rappelez-vous que ce sont de fameuses terres de bataille, et depuis longtemps !

— Les Français ont beaucoup d'amis, risquait quelqu'un. Si les gens du Maroc et les Allemands les battent, on dit qu'il y a les Russes qui battent les Allemands.

El-Ahzari reprenait, sentencieux :

— Ces peuples se perdront dans la confusion qu'ils auront eux-mêmes suscitée. Un seul dominera, celui du sultan de Constantinople ; car les Turcs vont aussi faire la guerre.

Plus que toute autre chose, cette affirmation impressionnait l'auditoire.

— Les Turcs reviendront sans doute régner sur les pays de la mer...

Les Turcs reviendront...

Des vieux se souvenaient et restaient hésitants.

El-Ahzari parlait toujours :

— En Oranie, des villages se sont révoltés à cause de la conscription indigène qui va bientôt sévir ici. — Cachez vos enfants. On défend d'en écrire et d'en parler; mais la vérité luit partout comme le soleil... La guerre a déjà trop duré. Ne croyez pas aux petites victoires qu'annoncent les dépêches *pour nous faire rester tranquilles*. Elles sont fausses comme les discours.

— Tu prononces de dangereuses paroles, El-Ahzari, dit un métis violent que le vieux renard avait ruiné. Pour moins que cela de jeunes Musulmans du Nord ont été saisis et internés. Nous les avons vus passer ici entre des policiers.

— Je les ai vus aussi. Ils étaient de ceux qui s'habillent à la française et posent une petite chéchïa sur des cheveux parfumés. Point n'était besoin de prouver tant de crainte par un châtiment si rude. Leurs propos n'avaient que la valeur de ceux des enfants.

Il y eut un silence lourd de l'indécision et des préoccupations des esprits.

— Tous les Turcs ne sont pas partisans de la guerre, dit encore l'homme violent.

— Mais l'empereur d'Allemagne a décoré Djemal-Pacha, ministre de la Marine, partisan connu de la neutralité, et Djemal-Pacha n'a pas refusé.

— Mieux que personne, toi qui trafiques de tout

avec des gens chargés de rubans et de médailles,
tu dois savoir que cela ne prouve rien.

— Je sais que tu es un faible esprit. Cela du
moins est prouvé.

L'auditoire eut un amer sourire de flatterie.

— Le « Tamin », qui est un journal fameux,
annonce que la Turquie est prête à entrer en campagne.

Il fit une pause et caressa sa barbe blanche d'une
main lente, pleine de noblesse :

— Que répondrions-nous, si nos frères les Turcs
nous adjuraient au nom du Prophète, — et sur lui
la bénédiction ! — de discerner où est la vérité ?...

Il demeurait dans une attitude faussement médi-
tative et comme si la question eût été posée pour
lui seul.

Ceux qui l'entouraient fuyaient le regard les uns
des autres. Deux d'entre les plus courageux s'en
allèrent discrètement.

Alors, une voix patiente s'éleva, qui disait :

— A quoi servirait un soulèvement par fractions,
— et il ne pourrait en être autrement ? Les Arabes ne pensent plus *avec une seule tête*. Nous
tenons à nos jardins et à nos maisons. Nous révol-
ter ?... Pourquoi faire ?

Ce furent les mots les plus graves et les plus
pesants.

Pourquoi faire ?

Cela, même ceux qui inclinaient le plus vers le
trouble et la rébellion ne le savaient pas.

Courir tant de risques ! Et pour faire quoi ?

Une autre voix s'éleva :

— Un grand bach-agha a dit publiquement, en rappelant nos insurrections de l'autre guerre : — « En 1871, des indigènes mal intentionnés ont fait une tache à notre bernous. Nous voulons cette fois l'effacer pour toujours. »

— C'est un bach-agha, fit dédaigneusement El-Ahzari, — ce qui, pour lui et les autres hommes indépendants ou dont l'ambition n'avait pas été rassasiée, impliquait que l'opinion d'un bernous pourpre étoilé de croix n'avait pas plus de portée que celle d'un esclave.

— Le fils de Manoubi Tidjani, maître de la confrérie des Tidjanïa tunisiens, s'est engagé dans l'armée française, dit encore quelqu'un.

— C'est un otage. — Vous n'hésiteriez pas si vous aviez la certitude de la ruine des nations alliées et de celle qui nous domine maintenant. Et jugez l'audace de leur grande ennemie l'Allemagne !

Précautionneusement, il soulevait son turban pour prendre, entre deux épaisseurs de laine, un mince billet que des chameliers lui avaient remis le jour même. Le billet signalait qu'un aviateur berlinois avait surpris le roi d'Angleterre dans les jardins de son palais, l'avait enlevé pour ne le rendre à son peuple éploré que contre une rançon si formidable que la défaite financière des Anglais était consommée.

L'Europe ignorait encore un aussi sensationnel événement.

Et comme une voix de mouedden criait vers le ciel l'appel aux hommes pieux, El-Ahzari se tut et monta sur la terrasse de sa maison pour l'ostensible prière.

Ses quatre fils l'environnaient.

Sa face était ennoblie de la sérénité de la tradition.

— Puisse le gouvernement tout apprendre et châtier ce pervers, gronda l'homme violent en sortant du logis.

— Le gouvernement ne pourra pas, dit la voix patiente. El-Ahzari est un trafiquant dont trop de gens ont besoin.

Dans le divin soleil déclinant, les jardins proclamaient la douce vérité des dattes mûres. De petits régimes bruns semblaient faits de boulettes de musc. Les étourneaux de passage pillaient le bien des hommes soucieux.

DEUX AMIES

Un cavalier du Bureau Arabe, galopant sur un poulain gris ébouriffé, s'arrêta devant la maison de Ladja.

Son étrier heurta la porte.

Et, comme une voix de femme répondait sans ouvrir :

— Es-tu Ladja, fille de Mihoub? interrogea le cavalier.

— Je suis Ladja.

— Langue de calamité et maudite ! Reçois l'ordre de te présenter demain matin au Bureau Arabe. Et que la paralysie soit sur ta bouche avec la confusion dans ton esprit !

La porte s'ouvrit d'un geste d'épouvante. Ladja montra son beau visage vieillissant.

— Que dis-tu ? Que dis-tu, cavalier du mal ! Comment comprendrais-je tes paroles ?

L'autre se réjouit de sa frayeur. Parce qu'il était un salarié investi d'autorité par son manteau bleu, il se fit une face grave et hautaine, il affecta une indifférence redoutable et rendit les rênes à son cheval en disant :

— Tu n'as rien à savoir ni à comprendre, si ce n'est que demain tu dois être là où j'ai dit.

Ladja restait figée sur son seuil, une peur animale au creux des reins. Son esprit se noyait dans une appréhension obscure.

Elle confia la chose à son mari.

— Quelque policier aura menti près des Français, supposa-t-il. On t'accuse de ce que l'on croit m'avoir entendu dire, peut-être. — Car il était bavard et intransigeant. — Il est possible aussi qu'on veuille te faire parler sur ma pensée. Par ton cou, sois muette et réponds que ton frère veut s'engager.

Puis, il considéra sa femme et questionna à voix plus basse :

— Tu es allée dans la maison d'El-Ahzari ?

Elle trembla comme un arbre secoué d'un coup de vent brusque et vociféra soudain :

— La cendre soit dans la bouche de Yakout, la renégate ! C'est elle qui parle et c'est elle qui trahit !

— Je t'avais défendu d'aller chez cet homme avare et prétentieux, gronda le seigneur.

Elle s'aplatit sur le sol tel un chien sous le fouet ; car elle était stérile, avait peu de malice et craignait son mari. Il la repoussa du pied et ignora sa présence.

Au matin, Ladja rajusta sa draperie rose. Elle mit tant de kehoul à ses yeux qu'ils furent comme deux trous noirs dans son visage. Elle joignit ses sourcils d'un seul trait et farda ses joues et ses lèvres. Enfin, elle s'enveloppa d'un amas de mousseline blanche et opaque et devint un de ces fantômes dont on ne voit luire qu'un œil et qui vont par les chemins au bruit tintant des anneaux de cheville.

Dans la cour du Bureau Arabe encombrée de cavaliers, de pauvres, de plaignants, de malades, d'inculpés pour les délits ordinaires, elle reconnut le cavalier qui, la veille, lui avait transmis l'avertissement brutal.

Elle se dirigea vers lui.

— Je suis Ladja, fille de Mihoub.

Sans répondre, il ouvrit une porte.

Ladja se trouva devant un jeune officier qu'assistait un interprète galonné.

L'officier feuilletait des papiers. Curieux et rougissant à la fois, à cause de cette forme féminine voilée fleurant l'ambre et la cannelle,cet œil unique si sombre qui scintillait éperdument, il commença son interrogatoire.

D'une voix uniforme, l'interprète traduisait, mot à mot ou en simplifiant les phrases.

— Tu sais lire?

— Non, répondit Ladja.

— Tu parles français?

— Non.

— Tu fais des discours dans les maisons?

— Non.

— Tu as dit que les Allemands venaient de prendre Paris et seraient ici dans quinze jours.

— Non.

— Reconnais-tu ces faits?

— Non.

Le jeune officier se tourna vers l'interprète.

— En conclusion, que dit-elle?

— Elle nie, naturellement.

— Quelle sorte de femme est-ce là?

Mais Ladja se rapprochait de l'interprète. Familière et audacieuse parce qu'elle le reconnaissait pour appartenir à la race d'Israël, sa main peinte posée sur le bras dont les galons ne l'intimidaient plus, elle parla soudain avec volubilité.

— Ecoute. Et ensuite, répète ceci. C'est Yakout, la renégate, celle qui a été Française. Dieu la maudisse! Elle a dit beaucoup d'autres paroles encore. Elle a dit que les Allemands donneraient une licence de café maure par famille, qu'ils enlèveraient l'impôt sur les palmiers, que personne ne serait obligé d'être soldat, que tous les hommes auraient le droit de porter les armes sans permission. Et ensuite elle a dit aux femmes et aux jeunes garçons que les Allemands parlaient tous la langue arabe et qu'ils seraient généreux... Elle a dit...

— Assez, fit l'interprète.

— Que dit-elle? redemandait le lieutenant.

— Elle en accuse une autre, naturellement.

— Ah! Y a-t-il quelque apparence?...

— Si vous voulez. Comme pour elle, comme

pour tous. Ce sont des pouilleux. Il y a et il n'y a pas.

Ainsi parla le cousin de race de l'inculpée.

— Alors ?...

Frais émoulu d'une garnison de vieille province, brusquement transplanté dans le pays nouveau dont il croyait tout connaître et dont il ne pouvait savoir que les apparences, ébloui par le soleil et par la puissance que lui conféraient en territoire indigène son titre et ses fonctions, le petit lieutenant se donnait de l'allure et continuait à rougir au sein d'un profond embarras.

— Alors !

Il eut un geste désinvolte qui fit sourire l'interprète flatteur.

— On pourrait perquisitionner dans les maisons, proposa celui-ci insidieusement.

— J'en référerai.

— Va-t'en ! fut-il traduit pour la femme.

Ladja, attentive, n'avait entendu que le bruit des mots. Il lui sembla que quelque chose de définitif était décidé.

Et parce qu'elle était libre et qu'elle avait trahi son amie Yakout, elle s'en alla allègre d'une joie mauvaise et absolue.

Et voici l'histoire de cette Yakout, née à Touggourt, au bord de la mer de sable.

Petite Yakout brune, si brune sur les dunes pâles, petite Yakout orpheline et que ses oncles

n'aimaient point, elle avait suivi un jeune ménage
riche et voyageur qui l'adoptait avec une sentimentale bienveillance.

Yakout, féline et douce, caressante et humble,
fière et grave, avec ses grands yeux de gazelle
apprivoisée au delà desquels on ne voyait rien,
avait déclaré chérir le pays transméditerranéen, la
ville de civilisation luxueuse où rien ne lui rappelait l'horizon de ses parents.Elle endormait de protestations, de charme et d'obéissance, ceux qui
avaient ainsi enchâssé dans l'or pur du bonheur et
de la fortune le misérable petit scarabée du désert.

Yakout adolescente et toute secouée du frisson
de ses aïeules, Yakout renégate à la gratitude
comme elle l'avait été au souvenir, Yakout pro-
mena dans un mutisme hostile ou des pleurs agres-
sifs son orgueil d'être nubile et son désir d'atavique
sensualité.

Alors, ses oncles, qui avaient compté les années
et savaient le moment venu, réclamèrent Yakout à
ses parents d'adoption atterrés.

Et Yakout partit, les yeux clos pour que nul ne
vît étinceler leur splendeur ingrate. Et Yakout
ouvrit sur le désert retrouvé des yeux pleins d'a-
mour et de fraude.

Mariée à un vieillard, elle eut une vie aventureuse et se trouva veuve un jour. Alors, elle vint
habiter le harem d'El-Ahzari, où quelques femmes
étaient ses parentes.

De l'éducation reçue, elle gardait le mépris profond de ses éducateurs bénévoles et confiants, le pouvoir de lire et de parler le français, le privilège de juger et de commenter avec des apparences de compétence et de certitude.

Les événements de guerre furent la glorification de son savoir. Elle avait une intelligence diserte, marquée de malignité, habile à troubler sinon à convaincre. Elle rendait tant de mauvais services aux femmes qu'elle était l'hôte et l'amie de tous les gynécées. Elle lisait et traduisait pour le plaisir curieux des jeunes et pour les secrets souhaits haineux des vieilles.

Ainsi les hommes qui rentraient au logis avec sagesse et bonne volonté en sortaient violents et vindicatifs.

Les résultats de la dénonciation directe de Ladja furent vainement attendus.

Yakout, qui n'ignorait rien, se montra plus audacieuse et plus éloquente.

Ladja redevint son amie. Elles s'aimèrent, fortes de tout le mal qu'elles pourraient peut-être se faire encore.

Yakout et Ladja circulaient, silencieuses et actives à des labeurs mystérieux comme les libellules noires des ruisseaux.

Tant que dura la saison froide, on les vit rôder de maison en maison. Au printemps, on les aperçut même dans les champs de moissons. Sur les lointains bleus et blancs, à la lisière des palmiers verts et gris qui seraient bientôt roux de tout le splendide été, elles erraient parmi les hommes et les femmes qui coupaient les épis et chantaient. Derrière elles, des enfants glanaient ; les chèvres, les ânes et les dromadaires s'égaillaient parmi les chaumes drus qu'on leur abandonnait ; des chevaux et des mules allaient, chargés des larges filets pleins d'épis barbelés ; ils revenaient, galopant de toutes leurs pattes fines et légères, les filets battant et traînant derrière eux, les enfants accrochés sur leur échine bondissante.

Sur le passage des deux femmes que l'esprit du mal jetait parmi les gens comme le vent jette le sable dans la bouche, le mauvais vouloir et l'inquiétude naissaient.

Même, la mort finit par lever sur la trace de leurs pas...

Il y avait un homme des villages, sournois et bizarre, — ou seulement marqué d'un destin, — qui s'était fait aimer d'une Chrétienne. Une première fois, par surprise, il l'avait emportée comme un butin de razzia ; mais le père avait fait ramener la fille par les gendarmes. Ce père étant mort, le ravisseur, fidèle à sa conquête, vint la reprendre. — Les gens racontaient cela. — Elle habita dans la maison musulmane, femme entre les autres femmes. Elle comprenait peu la langue arabe et la parlait mal. Elle vivait avec des gestes opposés et dissemblables. Des visages lui souriaient, mais elle percevait confusément l'éternelle présence, influente et dominatrice, d'âmes qu'elle ne connaissait pas. Cependant elle était bonne pour tous, fidèle à ses devoirs féminins et certaine d'être appréciée, sinon aimée.

Un jour, après avoir lu les journaux avec Yakout, elle fut subitement injuriée par sa belle-mère.

Cela fut si violent qu'elle se réfugia dans les bras de sa belle-sœur, qui était présente.

— Que la rébellion soit ton suaire ! cria la vieille en courroux.

Yakout et son inséparable Ladja avaient disparu.

Les deux jeunes femmes montèrent sur la terrasse et elles entendirent que les deux mauvaises fautives revenaient encore.

— Notre mère est injuste et excessive, dit la Chrétienne à sa sœur musulmane Atika.

Atika, veuve, belle, aimait l'amour et la richesse et souhaitait se remarier. Elle possédait une petite fortune et ses frères, intéressés à en jouir, sans violence, habilement, la maintenaient dans le célibat.

Pour l'étrangère, elle avait toujours été la plus fraternelle ; mais ce jour-là, sans répondre à ses caresses pleines de larmes et ses paroles chagrines, elle s'éloigna d'elle en sanglotant subitement et redescendit dans l'hostilité du gynécée.

C'est à dater de ce jour que la Chrétienne commença à être malade. Le troisième soir de cette maladie elle mourut. Elle n'avait eu ni remèdes, ni médecin.

Comme des gens parlèrent de poison et de sorcelleries, le mari eut peur et fit une démarche près du chef du territoire, — démarche de correction et d'habiles et déférents scrupules.

— — Elle était chrétienne, dit-il. Faut-il vous la rendre ou l'ensevelirons-nous selon le rite musulman ?

— Comment possédais-tu cette femme ? interrogea-t-on.

Alors, il produisit un étrange document par lequel, entre le père de cette femme et lui, il était écrit ceci : — « Moi, « un tel », déclare donner ma fille à « un tel », fils de « un tel », contre la somme de 950 francs. »

— Cet homme s'est suicidé depuis, ajoutait l'Arabe.

On le laissa aller.

Le cadavre de la vendue, — que la belle-mère avait déjà expulsé de sa maison dans la maison voisine, — fut plié dans un blanc haïk et enseveli dans le mystère de la terre entre les tombes anonymes de Ceux d'Allah.

LE HENNÉ

Si Bachir habitait Dröh, qui est une oasis de
montagne.

Il était lettré, mais ne dédaignait pas d'user de
ses mains, et le travail de la terre lui était agréable.
Sa maison était la plus fauve et la plus rose, le
soir, d'entre celles du village. Elle touchait au
rempart du Nord, lequel affronte les rouges et
bleus contreforts de l'Aourès.

Les matins d'été, Si Bachir s'éveillait sur sa terrasse. Le vent, courant par les gorges où se réfu-
giait encore l'ombre, secouait ses cheveux noirs et
drus, car il ne se couvrait point la tête du turban
rituel, aimant sentir le soleil sur son crâne.

Et Si Bachir rendait grâces à Dieu de ce que lui,
trouvait une vie heureuse dans cette vallée de
rivière, — où les palmeraies s'allongeaient enveloppées de la chanson des eaux, gardées par les
doubles circonvallations des remparts de terre, —
dans ce village posé en sentinelle avancée entre le
mont chaouïa et le désert arabe.

Le village surveillait les jardins, incliné sur les
creux fleuris de lauriers-roses, touffus de diss et de

roseaux, embaumés de henné, avec, pour horizon,
les sommets aux indescriptibles nuances où toute
la couleur de la terre et du ciel s'amalgamait au
roc et à l'argile pour faire de la splendeur.

Quand il avait empli ses cheveux de vent frais,
ses yeux d'émerveillement renouvelé, Si Bachir
descendait dans la cour de sa maison par une
échelle en bois de genévrier. Il gagnait le seuil et,
la houe sur l'épaule, sa courte gandourah serrée à
la taille, il suivait la ruelle inégale et déclive jusqu'à la lourde porte en troncs de palmiers choisis,
fruste et belle, qui s'ouvrait sur le chapelet des
jardins.

Entre les palmeraies, Si Bachir s'enfonçait dans
une tendre fraîcheur, une persuasive caresse qui
était l'haleine de la terre mouillée, un infini parfum, l'âme volatilisée des plantations de henné
fleuri.

Avant de brandir sa houe diligente, Si Bachir
songeait parmi les trésors végétaux de son domaine
et ces touffes de henné dont le suc met des flammes dans les cheveux blancs des vieilles femmes,
les reflets du cuivre dans la toison des jeunes,
rend les ongles pareils à des éclats de rubis et
donne aux talons et à la paume des mains la couleur des oranges mûres.

C'était là même qu'un jour, grisée par l'odeur
du henné, une caravane de Saharis avait fait coucher ses dromadaires. Ils montaient dans l'Aourès
pour échanger des dattes contre les abricots des

vergers montagnards. Une femme écarta les draperies du palanquin que portait une chamelle sans
tares. Elle les écarta malgré le péché pour con-
templer la plante adorable. Ses yeux s'arrêtèrent
sur Si Bachir.

Quand les Saharis repartirent, ils laissèrent la
femme dans la maison du planteur de henné.

Et l'allégresse du plaisir humain rendit la maison
sonore, s'éparpilla sur le village, coula de palme
en palme jusqu'au jardin béni de la halte et de la
rencontre.

La saison passa. Le henné n'eut plus de fleurs.

Alors, Si Bachir connut le chagrin. Il avait cru
fixer dans sa demeure immobile la Saharïa nomade,
et la Saharïa voulait s'en aller. Elle était lasse de
se heurter aux murs rigides, lasse de l'horizon
limité.

Et parce que Si Bachir l'aimait, il descendit
avec elle vers les oasis du désert.

Il y avait, près de Medjenich, un morceau de
terre semblable aux flancs d'un dromadaire atteint
par la gale. Le planteur l'entoura d'une muraille
solide à la manière des murs de Dròh. De ses
mains, il édifia une maison de boue et de paille,
spacieuse, étayée de troncs de palmiers. Sa houe
retourna le mauvais terrain. Il fit un bassin pour
recueillir l'eau rare qui n'était plus le bien abondant
et généreux dont s'enorgueillissait l'oasis de montagne. Il alterna le cep de vigne et les rejetons des
dattiers, les figuiers sauvages et les grenadiers

charmants. Surtout, dans un lieu favorable, près de l'eau échappée du bassin, il planta une touffe de henné prise à la plantation abandonnée.

Et Si Bachir, à qui la Saharïa souriait éperdûment, pensa qu'il était toujours un homme heureux.

Mais la touffe de henné fleurit.

Déjà l'homme de Drôh se réjouissait du parfum retrouvé, quand un frisson le secoua et la peur jaunit son visage.

Jour après jour, nuit après nuit, dans le jardin saturé du parfum de la plante, les palmiers moururent, les grenadiers et les figuiers perdirent leurs fruits, les vignes convulsées sur le sol se desséchèrent.

Si Bachir, le lettré et le simple, comprit l'erreur de son esprit crédule.

Il se détourna de la femme qui souriait davantage, tranquille et féroce. Il arracha la plante de henné et, seul, sa houe sur l'épaule, ses cheveux au vent, il reprit le chemin des montagnes.

Pendant la guerre, le premier jardin pillé par les Nomades fut celui de Si Bachir.

Alors, cet homme éprouvé abandonna sa maison du village, dressa une hutte au milieu de sa plantation ravagée et résolut d'y demeurer tant que son labeur quotidien n'aurait pas réparé le désastre.

Peu à peu, la terre, foulée, jonchée de débris, redevint nette et soigneusement retournée, les

trous pour les jeunes palmiers s'espacèrent égaux,
au pli des sillons réguliers verdissaient déjà des
légumes...

Un cri passe dans les jardins, un hurlement
d'épouvante...
— « Megloub [1] ! »
Une fourrure fauve file en éclair dans la palmeraie, puis, s'entend la longue plainte d'une femme.
— Megloub !...
Le hurlement retentit encore répercuté.
Et des hommes et des enfants jaillissent des
maisons et des vergers. Ils se sont armés en hâte
de fusils et de vieux pistolets, qu'ils déchargent
follement, au hasard, tous à la fois. Les khammès
brandissent leurs bêches courtes ou de ces bois
de palmes qui font massue. A travers l'oasis, ils
vont en ruée démente...
Deux fois la fourrure fauve repassa sous les
yeux de Si Bachir, poursuivie par la bande démo-
niaque. Puis quelque chose de hagard et de sanglant vint tituber et s'abattre près du planteur.
C'était un jeune chien qu'il connaissait bien, fidèle
le jour, brave la nuit... Il se pencha... Le chien
le regardait avec de beaux yeux sauvages, tendres
et douloureux. Et ce regard exprimait l'intradui-
sible reproche de la bête fraternelle et amie victime
du brutal affolement des hommes.
La foule accourue s'acharna sur l'animal mori-

_____
1. El Megloub, — l'Enragé !

bond. Des enfants l'emportèrent, tiraillant ses pattes brisées pour le jeter parmi les joncs, où les chacals — leurs frères — le dévoreraient.

Resté seul, Si Bachir considéra le nouveau ravage de sa terre piétinée et la petite place rouge qui gardait l'empreinte plus légère du vaincu...

Lentement il reprit sa bêche et prépara de nouveaux sillons...

Dans les jardins traînait encore la plainte de la femme qu'un chien nomade avait mordue.

DANS LA FUMÉE

Discrète, cette retraite obscure et chaude où la fumée du kif enveloppait les bavardages et atténuait les propos, s'abritait près du quartier des courtisanes.

Des oiseaux languissants pépiaient dans une cage au-dessus de la porte basse.

Nous la connaissions depuis longtemps.

A chaque mouvement du monde islamique, nous cherchions à y saisir le véritable visage de l'opinion.

Pendant la guerre de Tripolitaine, un journal imprimé en caractères arabes circula, — un journal venu de Tunis. En commentaires ardents, — encore qu'on les sentît contenus, — les articles épiloguaient sur tous les incidents du conflit italo-turc.

Ils reproduisaient l'héroïque réponse des chefs bédouins aux parlementaires latins :

— « Si vraiment les Turcs peuvent accepter vos conditions de paix, qu'ils regardent en eux. Pour nous il est écrit que vous n'aurez pas ce pays. Nous continuerons la guerre et nous la mènerons seuls jusqu'à ce que vous et nous soyons morts selon la volonté d'Allah. Nous savons qu'il y a encore de l'eau sous le sable et nous avons des vivres pour trois ans. Vous ne durerez pas tant. La force nous vient du désert! »

Ce défi se rattachait à une prédiction, quelque peu hasardée, du triomphe final du croissant sur les petites croix balkaniques coalisées.

Un murmure étouffé ponctuait la lecture. Des rougeurs fugaces passaient sur les visages embrumés de rêve et de fumée.

Il nous arriva d'interroger :

— Et après cela ?

— Ce qui est écrit est écrit...

— Qu'est-ce qui est écrit ?

— La rémunération.

— Sous quelle forme?

La réponse était spécieuse :

— Nous sommes des Musulmans. Comment notre cœur resterait-il immobile quand celui de nos frères bondit dans le bonheur ou le malheur de la guerre ?

— C'est juste. Mais avez-vous songé que si les Turcs devenaient les vainqueurs le long des rivages et jusque ici, — selon vos désirs secrets, peut-être, — les Arabes retomberaient sous leur domination? Souvenez-vous ; elle ne fut pas heureuse.

— Il n'y aurait plus de domination. Non. Chacun son partage.

— Vous n'auriez pas la meilleure part.

— Il nous manque un chef.

— L'Islam levé contre l'Europe, même aidé par un Barbare du Nord, mourrait d'un effort trop grand pour lui.

— Ce qui commence comme une folie s'achève parfois comme une œuvre sage.

Plus tard, nous rapportions ces choses à un vieux lettré que nous aimons d'être musulman selon le Livre et les vertus anciennes.

— Quelques-uns, — très peu, — espèrent vraiment, confirmait-il. Ils sont heureux. L'espérance habille le cœur des hommes d'une robe de soie et, de voir leur cœur plus beau, ils le croient plus fort.

— Toi, que penses-tu, ô Taleb ?

— Je pense qu'il n'y a de sagesse que dans la vie sans prévision. La vie est une attente; mais nul Croyant ne doit présumer de ce qui peut arriver. Cependant, toute chose est utile. Une victoire musulmane, même si elle est suivie d'une défaite, prouve à l'Infidèle que l'Islam n'est pas mort et qu'il doit vivre. Cela est bon aussi pour la justice de Dieu ; il faut des batailles ; suivant leur hasard, les hommes de chaque nation sont punis ou récompensés.

— Les gens d'ici songent-ils à la guerre ?

— Quelquefois, à cause des journaux, à cause des Allemands qui sèment des promesses et des paroles troubles. Alors, ils attendent un ordre qui peut ne jamais venir. Mais la récolte immédiate des dattes leur est plus précieuse qu'une liberté ou un changement à espérer.

— Tu es un sage.

Et nous baisions l'épaule du vieil homme selon
la coutume qui vénère ainsi l'âge, la science et la
sagesse.

Tant de mois s'écoulèrent-ils depuis!

Nous sommes revenus parmi la fumée et les figures familières. Nous y sommes revenus tour à tour
inquiets, radieux ou impatients, durant la longue
épreuve de force et de ténacité de cette guerre universelle, magnifique, atroce, formidable. Nous suivions le flux et le reflux des âmes.

En ce temps, un vent d'inquiétude et d'anarchie
souffla sur les cités du Sud. Les visages devinrent
sournois, les lèvres closes, les yeux contraints. La
préoccupation persécutrice rendit chacun subitement avare et méfiant dans l'attente de catastro-
phes sans fin. Elle ne permettait même plus l'abandon aux bras des courtisanes. Mélancoliques et
silencieuses, les filles de joie chômaient, accroupies
au seuil des portes le soir venu. Les petites lanternes à la clarté invitante ne se retiraient plus des
balcons de bois.

Les désœuvrés se rassemblaient sur des nattes,
autour d'un jeu de loto. A l'arrivée du courrier, ils
guettaient l'expression de ceux qui parcouraient
les journaux. Ils se coulaient dans les ruelles, suivant à la piste un des leurs lisant la feuille impri-
mée, — qu'ils savaient d'ailleurs fort bien où
retrouver pour en apprendre ce qui était écrit et
surtout ce qui ne l'était pas.

Cela s'accentua au moment du long viol des terres françaises.

Il y eut des réunions dans la fumerie, où les opiomanes mâchaient comme du bétel l'opium brut de contrebande, où les plus troublés engourdissaient leur inquiétude dans la fumée des cigarettes de belladone, où les amants du kif préparaient avec art les pipes minuscules.

Des gens entraient, quêtant ou apportant les nouvelles. Des gens sortaient, agités ou confondus d'avoir écouté les bavards mal intentionnés ou prononcé des paroles dangereuses. A l'intérieur, des figures contractées crevaient la toile du tableau embrumé, le fond de vapeur bleue où s'estompaient les faces pâlies et béatifiées des fumeurs.

Un homme de l'Ouest raconta un soir que le fils de Mokrani, l'ancien insurgé, venait de s'engager.

— Pour la France contre laquelle son père s'est battu ! railla un autre.

— Les gens de montagne, Kabyles ou Chaouïas, sont sans noblesse ; ils oublient.

— Et vous, les Sahariens, qui n'avez jamais reconnu deux fois le même chef et revendiez l'un pour racheter l'autre !

— Silence.

— Les Turcs achètent en ce moment; vendez-vous peaux d'esclaves !

— Silence.

Une voix lente s'éleva :

— Que croirons-nous du destin des Turcs ? Du

bey de Tunis au sultan du Maroc, les voici couverts de blâme.

— Les Turcs vivaient de l'argent français et s'allient aux ennemis de la France !...

— Ils sont peut-être alliés aux gens du Sahara, aussi...

Il y eut une bagarre. Quelqu'un disparut dans l'ombre, dont on ne s'occupa plus.

Les conversations reprirent.

— La France est un prêteur sans intelligence. Elle ne discerne pas la qualité de l'emprunteur.

— En attendant, les Anglais sont plus maîtres qu'autrefois en Egypte et ni Turcs, ni argent n'y peuvent plus rien. On ne ruse pas avec les Anglais.

Un vieux lettré abruti d'ivresse fit remarquer que le Cheikl el Islam, recteur de l'université d'El-Ahzar, le grand Moufti et les chefs des différents rites religieux égyptiens pactisaient ouvertement avec l'Angleterre.

— Tout est imputable au sultan. Où est ton prestige, notre seigneur Abdul-Hamid ! Tu n'es plus le Commandeur des Croyants, mais le Serviteur des Réprouvés ! Le cheikh d'El-Amaroui de Damas a jeté son turban dans la mosquée pour le faire piétiner par la foule ; mais la foule a crié : — « Allah le défend ! » — « Ainsi Allah vous défend de suivre les fous ! a dit le cheikh. »

Un autre fumeur parla avec volubilité :

— Les Arabes de Syrie n'ont pas voulu aller se

battre en Egypte. Les Turcs ont assassiné le Moufti de Médine. Malheur à eux! Constantinople sera brûlée.

— Pas encore, pas encore, intervint un nouvel arrivant. Il y a beaucoup de bateaux français et anglais qui se noient là-bas.

— Nul ne sait où se trouve la vérité. Les journaux de Turquie ont révélé des choses étonnantes.

— Ce sont des contes.

— Que croirons-nous ? Toutes les histoires écrites sont-elles des contes ?

Nous avons dit avec autant de mépris que de colère :

— Etes-vous des enfants pour croire, entre mille et une autre fables, que le maudit empereur d'Allemagne soit intronisé en France comme le publient certaines de vos feuilles favorites, quand nous venons encore une fois de remporter des victoires sur ses soldats? Admettez-vous que les Belges chrétiens fassent des mosquées de leurs églises ravagées ? Pour plaire à qui ! Et d'églises, ils n'en ont plus ; les Allemands les ont détruites. Qui vous a prouvé que le Kaiser était musulman ? Hier, il se disait catholique avec les peuples catholiques qu'il voulait perdre. Demain, il serait juif, si les Juifs devaient être convaincus de servir son œuvre infernale. Notre Gouverneur vous a parlé et écrit excellemment. Il vous avertissait : — « Un piège est tendu à l'Islam, » disait-il. — Voulez-vous y tomber plus bêtes que des chacals ? Le sultan est prisonnier. Que vous importe l'émeute des Jeunes-Turcs! Etes-vous des brouillons sans raisonnement et de ces esprits fâcheux qui ne trouvent jamais la lumière ni la sécurité ?

— Nous sommes Musulmans...

— Où gardez-vous votre foi? Dans une âme paisible ou sur une langue souillée par les propos inconsidérés ? La Turquie est maintenant agitée et démente comme une sorcière enragée; l'âme de l'Islam n'est plus en Turquie.

Il s'est fait un grand silence.

Des ruelles environnantes s'évadaient des battements sourds et des roucoulements éperdus de musiques bédouines. La voix éraillée d'une femme lacérait les mots d'une chanson. Des éperons sonnèrent avec un bruit de sabres... Une patrouille de spahis passa.

Le vieux fumeur reprit la parole :

— Je sais une chose. Si les Allemands sont rusés et menteurs, le cheikh des Snoussïa est le plus intelligent. Les Allemands sont allés donner de l'argent aux tribus pauvres de son territoire. C'était pour les armer contre l'Egypte. Mais le cheikh dit à ses fidèles : — « Vous êtes payés pour vous battre; donc, venez et battons tous ces Italiens qui occupent les postes du Sud. » Ainsi ont-ils fait jusqu'à Ghadamès.

— Les Snoussïa prêcheront-ils la guerre sainte dans tout le Sahara? interrogea l'homme de l'Ouest.

Nous avons parlé de nouveau. Nous avons

expliqué comment les Italiens poursuivis par les Arabes de Cyrénaïque avaient violé notre frontière de Tripolitaine sans le vouloir. Mais les Senoussistes ayant affirmé leur désir de demeurer amis de la France, l'incident était clos. Le calme régnait sur les grands espaces apaisés.

Et nous avons fait le procès des Turcs :

— Ils sont les marchands bouffis de graisse dont la pâleur malsaine tache l'ombre des souks. — Ils sont les diplomates sans diplomatie, félons sans grandeur, moins observateurs que ces enfants (ironistes sans le savoir), qui jouent aux grandes personnes. — Ils sont les ilotes qui font des révolutions de harem, mais dont les yeux, destinés au demi-jour de l'ergastule, s'affolent et voient rouge en voulant fixer le soleil. — Ils sont le « bouton d'Orient », ulcère détestable, plaie momentanée au visage de l'Europe, mal de laideur et d'ennui plus que de gravité, dont la chirurgie de guerre des civilisés et des justes trouvera le remède par la suppression.

Fumée...

Il y avait tant de fumée dans ce lieu et dans les têtes !

Sans doute les paroles sont-elles tombées de la mémoire comme des pipes minuscules tombe la cendre du kif.

LES SAGES

Au Gouverneur Général de l'Algérie,
Monsieur *Charles Lutaud.*

illa Allah

La ilah, Mohammed rassoul Allah.

(La Chehada.)

O Dieu
la prière sur notre seigneur Mohammed
qui a ouvert ce qui était fermé,
qui a mis le sceau à ce qui a précédé,
faisant triompher le droit par le droit.
Il conduit dans une voie étroite et élevée.
Sa puissance et son pouvoir sont basés sur le droit.

(Prière de la confrérie
des Tidjanïa.)

O mes amis, mon cœur vous aime et mes yeux vous
  cherchent
Quand le vent vient du côté de vos terres...
Vous êtes de moi, de mon âme et de mon cœur.

(Ahmed ben Daoud.)

CHAABAN

Il était un gamin d'entre tous ceux de l'oasis.

Il avait les mêmes malices actives, promptes à saisir le jeu pervers, le ridicule des passants, ce qui fait peur aux petites filles et ce qui fait rire les femmes.

Il avait les mêmes instincts combatifs qui le poussaient à la bataille d'un bord à l'autre des seguiat ou dans l'oued pierreux. Sous les coups drus, sanglant parfois, il razziait des turbans blancs, des calottes rouges et des amulettes.

Il avait les mêmes satisfactions bucoliques en gardant les chèvres. Avec ses comparses, gravement, il dissertait sur les moissons que les Nomades avaient eues dans le nord et sur ce que seraient les dattes si la sécheresse durait ou si venaient les orages d'automne. Il dressait à des jeux savants les chevreaux les plus familiers. Quand le troupeau s'éloignait, en quête des légumes d'un jardin mal clos, il sautait sur un âne et rabattait au galop les bêtes fantasques.

Il avait les mêmes sensualités précoces qui le faisaient se pâmer aux parfums violents. Il parlait des femmes avec la précision voluptueuse et le souci du détail qui marque le langage des grands amants.

Cependant, Châaban était supérieur à tous les autres gamins.

Supérieur en malice : la fantaisie de son esprit était inépuisable ; supérieur au combat : il possédait un poing dur et alerte, des muscles souples et résistants, et sa chéchïa adhérait si parfaitement à son crâne qu'on ne pouvait l'en arracher ; supérieur en dressage : ses élèves avaient des trouvailles d'attitudes et d'expression, et l'âne dont il serrait les flancs entre ses jambes torses courait comme un éfrit.

Et il était aussi supérieur en volupté.

Quand les femmes allaient par les chemins, si étroitement voilées qu'elles devenaient des formes anonymes, Châaban différenciait les bruits des anneaux tintants. Elles avaient beau paraître marcher toutes d'une allure également lente et rythmée, il reconnaissait l'une à un balancement plus personnel des hanches, l'autre à ce qu'elle rejetait ses épaules en arrière pour se donner plus de majesté ; celle-ci appuyait les talons au sol, les pieds de celle-là jouaient dans leurs babouches ; telle avançait sur les pierres à la manière d'une gazelle sur le sable et sa sœur cahotait ainsi qu'un chien nouveau-né.

Châaban savait le nom de toutes.

Une autre supériorité, c'étaient ses yeux délica-

tement gris-bleu, couleur des montagnes d'El-Kantara, ou qui durcissaient, couleur d'ambre.

Mais une ophtalmie dévora ces yeux, dont les
femmes parlaient pour l'avenir. Un seul fut sauvé.
Cela modifia l'expression du visage. Le front lisse
et audacieux garda les rides de la souffrance. Les
sourcils se rapprochèrent et deux traits asymétri-
ques se creusèrent à la racine du nez.

Châaban se maria selon la volonté de sa mère.

Il aima son épouse, car elle était d'humeur facile
et complaisante à l'amour exigeant de son époux.
Elle lui donna trois fils, qui furent sans grande
intelligence et vécurent dans l'ombre, veules et
silencieux.

La souriante épouse mourut.

Châaban en éprouva beaucoup d'ennui. Il serra
les poings, leva la tête vers le ciel paisible et pro-
féra des imprécations dont il se repentit plus tard
pieusement.

Châaban est maintenant un vieillard, mais qui
n'a pas cessé d'aimer la joie.

Palmier après palmier, il a planté une palmeraie
féconde que son œil unique caresse d'un regard
confiant. Il est devenu riche, prodigue de gestes,
parcimonieux, avisé et fidèle dans ses affections.

D'un pas qui ressemble à l'amble d'un mulet
rapide, mal chaussé de sandales fabuleuses, fure-
teur, sarcastique, railleur et philosophant, il par-
court les villages et les jardins, énonçant des axio-
mes :

— Un esprit sans habileté est un corps sans bouche fait pour mourir de faim.

— Toi qui es mon ami, tu es dans mon cœur comme le noyau dans la datte; il ne reste pas de place autour.

— Les amitiés françaises sont souvent sans prudence et mensongères. Telles je les ai vues entre des hommes et des femmes qui n'avaient pas perdu le pouvoir de créer d'autres hommes et d'autres femmes. Entre ceux-là, quoi qu'ils disent, l'amitié est comme un jeune amant qui se serait déguisé en vieille pour pénétrer dans la maison. Dormiraient-ils en paix sur la même natte? Lorsqu'elles seront desséchées et eux pareils aux palmiers bons à abattre, ils pourront reposer côte à côte et le cri du coq seul les réveillera.

— J'ai un ami et une amie parmi les Chrétiens. Ils sont dignes du respect des Croyants et du pur attachement de mon cœur. Ils sont plus braves que le courage, plus fiers que la dignité, plus charitables que la générosité, plus sincères que la loyauté. Leur place est au chemin du savoir et de la rémunération et toutes les choses de la terre demeurent belles à leurs yeux.

— Les gens qui ne se marient pas sont au milieu du célibat tel un îlot dans la mer; les vagues rongent celui-ci et les jours usent ceux-là; ils disparaîtront sans laisser de traces.

— O homme, si tu es jeune et généreux, tu ne prendras pas moins de deux épouses; l'une sera

pour perpétuer ta race, et tu la choisiras soumise ;
l'autre sera pour le plaisir de l'amour, et tu la choisiras agréable et perverse.

— Le beylik doit réquisitionner encore les chevaux et mulets. Bien. Je livrerai au beylik mes fils
pour la rançon de ma mule, car elleme porte et
m'a le mieux servi.

— Certes, je ne suis ni un combattant ni un
héros, mais je ne suis pas non plus de ceux qui
se donnent un front modestement orgueilleux en
citant les hauts faits des autres et je ne suis pas
tombé malade le jour du départ.

— Après la mort, je dirai au Rétributeur : —
« J'ai aimé mon ami comme tu aimes l'âme du juste ;
mets cela dans ta main droite et mes péchés dans
ta main gauche ; ta main gauche ne te semble-t-elle
pas vide ? » —

L'esprit de Châaban est sinueux et limpide
comme le cours d'un fleuve calme et long.

Rien n'échappe à son attention vigilante et
son sagace. Nul ne se soustrait à son reproche ou à
encouragement.

Ainsi Châaban vit et attend sans impatience
l'instant de mourir.

LA FOI ET LES HOMMES

Cette fin de Ramadan (1332 de l'Hégire, août 1914 de la guerre) se signala par un grand calme.

Certains mouftis du Tell et de la mer défendirent toutes les réjouissances de la fin du grand jeûne, par égard pour la nation tutrice et ceux, Musulmans ou autres, déjà tombés aux combats. Au désert les enfants chantèrent comme de coutume.

Le contentement des ventres rassasiés, après la longue privation par quoi s'obtient la rémission des péchés d'une année entière, s'irradiait sur tous les visages.

Dans la lumière fraîche et caressante, suivant tous les chemins de l'oasis, les Croyants allaient vers les ruines du Fort turc, — une ruine historique de pierres romaines et de pisé, évocatrice de butins et de trahison.

L'emplacement du fort est sur un large mamelon occupant la plus vaste clairière de la palmeraie de Biskra, rendez-vous annuel pour la Grande Prière.

C'est là que se réunissent les notables et les membres du conseil des villages quand éclate un différend. C'est là que s'éclaircissent les questions obscures de la « djemaâ » et qu'est jugé le bon droit de chacun. Primitif aréopage !

Le soleil commence à mordre les ruines. Une chaire blanchie à la chaux s'élève au milieu du terrain pelé. Sur chaque boursouflure du sol fument des cassolettes de benjoin.

Aujourd'hui, voici que se rassemble un peuple, peuple d'hommes, peuple fervent. Chaque arrivant pose devant lui ses sandales d'alfa, ou ses babouches de cuir peint, ou ses chaussures de vernis craquant, puis s'assied sur la terre, genoux repliés. Cette foule pieuse forme ainsi des rang réguliers sur les côtés et derrière la chaire. Seuls se tiennent à l'écart ceux de la djemâa de Gueddacha et un groupe nomade dissident. Au dernier rang s'échelonnent de vieilles femmes.

Incessamment, de nouveaux venus prolongent les alignements. Les uns arrivent à l'amble précipité de mules caparaçonnées, des cavaliers d'administration au pas souple et dansant des chevaux africains, les modestes planteurs au trottinement menu des ânes.

On n'entend qu'un immense et sourd murmure de prière à mi-voix.

Parfois, le hennissement bref d'un cheval tenu à l'écart éclate.

Pas une tête, pas un regard ne se détournent de l'horizon du soleil levant.

Le murmure s'accroît. Les voix différentes se

résolvent en un bruit d'une surprenante et grave
musicalité. Des chants liturgiques retentissent,
alternés, venant des divers points de la palmeraie.
Ce sont, avec leurs grands-prêtres, les membres du
conseil de tous les villages : ceux de M'cid et ceux
de Bab-Dharb, ceux de Sgag et de Bab-Fatah ;
ceux de Sidi-Barkat et de Star-Mellouk, ceux de
Medjnich, de Ras-el-Guerria et de la ville. Ils
prennent place sans interrompre leurs litanies.

Tout à coup, le silence...

Une voiture à deux chevaux maigres s'arrête
devant la chaire. Le kadi et le grand chef de la
prière, — métis vénérable et desséché, — en descendent. Le métis s'érige en avant des alignements
humains. Les visages n'ont qu'une même expression, les corps une âme unique. Suivant les mouvements de son prêtre, la foule est debout, agenouil-
lée ou baisant le sol.

Lorsque l'officiant se relève, sa voix cuivrée proclame la grandeur et l'unité de Dieu. La rumeur
profonde de la masse répond à l'invocation.

Dans leurs vêtements de fête aux couleurs
joyeuses, des enfants fleurissent les buttes de terre.

Sur ce même mamelon flamba le soleil de mai
1844.

Il flamba sur une kasbah turque aux créneaux
sarrasins, déjà conquise et laissée à la garde de dix
Français, dont était la cantinière Marie.

Traîtrise, guet-apens, massacre.

La cantinière et trois artilleurs eurent la vie
sauve. Du sinistre vainqueur, l'agitateur et fanatique Bel-Hadj, Marie obtint d'ensevelir les officiers
égorgés. Puis, la fuite :

— Chargez la poudre et l'argent sur les chevaux
sans maîtres ! Prenez les armes. Prenez aussi
cette femme : Marie Meriem ; elle est pour moi !
dit Bel-Hadj...

Même lieu ; autre aventure.

Une cavalerie de mort escalade les pentes du
mamelon. Voici la déroute des Lakhdar-el-Hal-
faouine battus par le noble et malheureux Ferhat
ben Saïd, l'Antar du Sahara dont on a chanté :

Est-il donc mort celui qui fut la gloire des Ahl ben Ali ?
Le refuge des opprimés, Ferhat le Douadi,
Le fils du lion qui mérite compassion ?
Sur lui questionnez le turc arrogant,
Car il fut le souci de leur sultan chétif.

Ferhat ben Saïd tenait seul tête à cent ennemis.
Ses biens il les distribuait aux frappés par le malheur.
Sous ses étriers les goums marchaient derrière lui obéissants.
Il tenait ses promesses de jour comme de nuit.
O femmes, pleurez le vengeur des outragés !

Celui qui montait le cheval rouge est mort.
Comment Ferhat s'est-il enlevé de sa selle ?
Par lui seul on était sauvé les jours de poudre.
Désormais, ô cavaliers, qui vous entraînera ?
O hommes, pleurez le vengeur des outragés !

Mais le grand chef de la prière est monté en
chaire. La foule se resserre. Il lit l'évangile d'Islam aux Croyants purifiés par le long jeûne.

Sans doute souligne-t-il le verset koranique qui semble opportun à la nécessité d'affirmer son loyalisme et de blâmer l'adversaire de la France en guerre :

...«Ceux qui attaquent les premiers apprendront un jour quel sort leur est réservé. »

Il parle, il parle...

On croirait ouïr un second Moïse au désert révélant de nouveaux commandements à un autre peuple élu...

Les cassolettes ne fument plus.

La foule se disperse.

Voici nu le tertre où dorment des morts de notre race que d'autres morts des batailles d'aujourd'hui et de demain vont rejoindre au bord de l'éternité.

Les palmiers pesants de toute la glorieuse richesse de leurs dattes mûres, — pesants comme un beau front de femme trop orné, — retiennent dans leurs palmes des souffles de foi et la fumée adoratrice.

LE SEIGNEUR DE LIANA

Nous allons vers toi, ô notre seigneur, sans rien savoir encore de ton visage !

Un temps clair de janvier embellit nos étapes. Les gens du désert sont troublés par la guerre. Plusieurs se disent épouvantés.

Nous, nous n'avons jamais connu la crainte en terre de France et d'Islam. Nous rions des vaines portes de bois blanc dressées tout à coup contre les Nomades par la terreur des gens de Sidi-Okba.

Nous foulons les terres d'argile et de sable des pistes de l'Est. L'oasis d'El-Haouch flotte dans le mirage de la région de Mansouriah. Des dromadaires affamés errent sur les berges rouges de l'oued Biraz. Les dunes de l'oued Bou-Yabès coulent dans une flaque d'eau.

Vers le soir nous apparurent les palmiers secs d'Aïn-Naga, le petit bordj d'étape, luxe de la solitude, le pulvérulent hameau de cinq ou six huttes, dont une mosquée et deux cafés maures.

Les hommes qui nous environnaient avaient l'aspect sec et triste de leurs plantations sans eau.

Une vieille femme passa, montée sur un âne. Sept

jeunes gens, ses fils, l'escortaient armés de fusils. Ils allaient au puits unique et sans margelle, — un trou étroit béant dans le sol, — où l'on puise, au bout d'une corde de laine noire et dans une outre, un peu d'eau saumâtre pour la soif des gens et des bêtes.

Un berger vint nous demander la lecture d'une lettre de son frère engagé aux spahis de Batna. Sous sa dictée nous écrivîmes la réponse :

« ...S'il plaît à Dieu, tu ne partiras pas en France. Tu peux faire la guerre à Batna pour la France. Et s'il plaît à Dieu, la France gagnera. »

Au-dessus de la mosquée creusée dans le sol, sombre comme une crypte, avec d'énormes et frustes piliers de terre, le minaret s'effritait d'une destruction lente, imperceptible, continue. Le vent, même le plus léger, arrangeait en dentelle les murailles faites de sable et de fibres de palmier.

La nuit...

Un grand feu de palmes brûle dans la petite cour du bordj et réchauffe nos chevaux endormis. Les dattiers s'isolent les uns des autres dans l'ombre froide et pure qui cache leur détresse altérée ; ils s'élancent d'un jet superbe vers le ciel. Sur les terrasses poudreuses, des chiens alternent leurs aboîments mélancoliques et harassés.

A l'aube, nous sommes repartis. Nous marchons, fixant l'horizon du levant qui reste ciel nocturne plein d'étoiles. Un feu de nomades brille très loin devant nous, un autre au flanc des contreforts du djebel Chechar.

L'atmosphère est glacée. Nous allumons les touffes de « djel » desséché qui hérissent la steppe. Frileusement, nos montures font cercle autour des flammes si claires et si hautes qu'elles semblent illuminer tout le désert plein d'ombre.

Nos buissons ardents s'éteignent. L'horizon blanchit. Un jour rose enveloppe l'apparition spontanée du soleil.

Après des espaces de terre nue à croûte friable, voici les tamarix et les petits champs d'orge d'Oglat-ed-Djenan, lieu de campement sans troupeaux ni tentes en cette cruelle année de sécheresse. Parmi l'effort de quelques tardives semailles, nous traversons le vaste territoire des Oulad-Abderrahman Kebach, où l'oiseau leqta jette son cri détestable, où des cours d'eau taris font courir sur le sol, en le creusant à peine, des rides irrégulières et desséchées, façonnées au hasard des crues, brusquement achevées ou ramifiées en plusieurs dont les Nomades seuls savent les noms.

La steppe unie, sans limites. L'horizon est convexe tel celui de la mer. Il nous environne d'un mirage ininterrompu. Nous cheminons miraculeusement au pays des lacs, des lagunes et des étangs. L'illusion de l'eau atteint si près de nous que nos chevaux tendent le cou pour boire.

Une sorte d'obélisque se dresse, va s'abaissant à mesure que nous approchons, finit par n'être plus rien qu'un petit tas de briques de toub. Nous sommes au carrefour des pistes qui viennent du Guerguit et de Sidi-Masmoudi de la montagne.

Des *seguïat* [1] profondes et vides, des bandes de moutons et de dromadaires, quelques traînées d'orge verte; — Zeribet-el-Oued.

C'est là un jeu de cubes, couleur de terre agricole, terne sous la lumière ardente. En sentinelles avancées, un bordj blanc avec son mur d'enceinte casernement de spahis, une ruine hospitalière logis de Si Ahmed Zerrouk, caïd à barbe grise, aux yeux clairs, au parler français correct et facile. Affable sans exagération ni étalage de sentiments, il accueille avec une paisible aisance. Il s'accroupit volontiers contre le mur croulant de sa demeure, parmi les hommes humbles de son caïdat. Elevé par nos lycées d'Europe, il sombre mieux dans la béatitude islamique, s'imprègne de mysticisme, n'omet ni un rite ni une prière et mourra dignement selon ses ancêtres, qui n'avaient rien connu que la tradition.

Ainsi fera son fils.

Des enfants joufflus et beaux, — enfants du village, enfants des tentes, — sont débordants de vigueur saine et réjouie sous la crasse écailleuse de leurs membres, sous les larmes et les bavures que le froid fait luire sur la peau rouge et craquelée de leurs joues. Ils courent et se vautrent dans la poussière. La pluie ni l'eau des crues

---

1. Ruisseaux artificiels.

n'ayant visité le Sahara cette année, ces enfants et leurs familles se nourrissent de sauterelles.

Sur l'étroite place de Liana, notre chemin tournait brusquement devant l'échoppe d'un marchand kabyle très vieux, égaré là depuis fort longtemps. C'était la plus longue et la plus sinueuse des ruelles, jusqu'à la sortie du village, face aux montagnes toutes proches où, dans la première gorge, indépendante et mystique, se terrait Khanga-Sidi-Nadji.

Liana. Son nom est synonyme de souplesse. Déjà les Romains l'appelaient Lyœna, au temps où sa voisine Badias, — Badès d'aujourd'hui, — comptait deux forteresses et des jardins ininterrompus jusqu'à El-Ksar.

Un mur effrité, un champ d'orge verte au bord duquel règne une archaïque et douce mosquée de faïences bleues, à minaret de chaux vive, aux arcades et aux piliers bousculés par la fantaisie de l'architecte et par le temps.

Là-bas, c'est l'ancien monastère dans le style grandiose, naïf, asymétrique et harmonieux des vieilles constructions sahariennes. Ses voûtes sont formées de grilles qui semblent faites pour garder des lions et derrière lesquelles hennissent d'impatients chevaux. Voisin et face au Sud, le nouveau monastère, œuvre d'un maçon italien, haut, long, rectiligne, troué de fenêtres à persiennes, donne l'impression d'une maison ouvrière des villes plus que d'une żaouïa du désert. Mais cette erreur dans la beauté du cadre est abolie par la lumière.

Notre seigneur, ô notre seigneur, nous le savons; c'est toi qui viens à notre rencontre.

Nous connaissons maintenant ta majesté obèse, ta tête assyrienne et grasse, vivante et sensuelle, et la malice de tes yeux.

Tu viens avec ton fils favori, le délicieux, blond comme une orange mûrissante, le visage frais et doux comme un fruit ! Devant sa petite taille d'enfant et sa grandeur spirituelle, la foule s'inclinait, cherchant des lèvres sa main menue. Des reflets de gloire et des odeurs d'encens flottaient dans le foulard de soie rose qui dépassait le bord cramoisi de sa chéch'ia de Tunis. Même la majesté paternelle s'effaçait avec un sourire convaincu devant ce rayonnement.

La porte d'entrée de la zaouïa donnait accès dans un long couloir encombré de fidèles ployés et hautains. Assis en cercle sur une natte, des enfants psalmodiaient la leçon koranique sous la baguette d'un vieux cheikh sévère qui ne leur permit pas de tourner la tête. Mais toi, l'enfant aux yeux bleus pleins de vanité souveraine et de malignité, à la bouche charnue et volontaire, au front si blanc chargé de certitude omnipotente, tu te ruas sur les écoliers sacrés qui, heurtés, renversés, firent silence. Le vieux cheikh considérait ta brusquerie avec déférence. A ces camarades respectueux de ta supré-

matie d'enfant divin, tu chuchotais des paroles
moqueuses qui te faisaient rire et dont ils souriaient.

Le grand prêtre du monastère de Liana est un
homme riche aimant la vie, les voyages et la lumière
électrique. L'artificiel éclairage installé à grands
frais est l'orgueil de la zaouïa. Les sept ans de
Lamin se sont déjà promenés avec le caprice paternel dans toutes les grandes villes du littoral. Au
cœur du monastère, au delà d'un dédale de pièces
ténébreuses, le harem du souverain religieux est
un bel écrin.

Une chambre nue, uniquement meublée d'un
vaste lit anglais, garde l'entrée du sérail; c'est celle
du maître. Elle donne sur la colonnade d'un patio
où des chapelets d'oignons et de piments pendent
entre les arceaux. Des sortes de cellules aux ouvertures voilées de mousseline blanche s'alignent sur
un des côtés de la colonnade. Dans le patio et le
reste du pourtour, des servantes noires et des femmes du pays sont affairées aux travaux domestiques.

Pareille à la chambre de toutes les bourgeoises
arabes, la première cellule; glace dorée enveloppée
de tarlatane, ornements en papier, étagères chargées de verreries pointillées d'or et de buires de
cuivre et d'argent, chandeliers ciselés, tapis, coffres
enluminés, lit étroit tout enveloppé de cotonnade
blanche bordée de volants à liseré noir.

Tu étais debout devant le lit, petite fille de la

montagne, à peine nubile, femme depuis hier, amante depuis plus longtemps. Nous t'avions prise pour une enfant; mais tu étais la quatrième épouse de celui qui en eut tant! qui en aura tant encore! et cela jusqu'aux extrêmes limites de sa force et de son âge.

Quel est ton plaisir ? Quel est ton regret, petite figure plate, tatouée et fardée, où les proportions seulent restent enfantines, entre les larges tresses aux lourdes plaques d'orfèvrerie, sous un diadème plus lourd ? Quelle est l'âme de tes yeux fuyants et noirs ? Quel est le jeu de tes mains fragiles qui retiennent mal tant de bracelets sur tes bras menus ? Quelle est la volupté de ton indéterminable petit corps perdu aux mille plis d'une robe ample et fleurie ?...

Ses doigts peints, légers et humides, portaient de superbes émeraudes et des solitaires étincelants.

La chambre voisine, plus luxueuse, — celle de la mère de l'enfant préféré, avait un petit lit près de celui que recouvraient des satins brodés à Tlemcen. C'est là l'écrin de la seconde des épousées choisies. Cette perle qui meurt, fanée, sans attrait, s'exprime surtout par ses yeux autoritaires, inquiets parfois, jaloux de ses prérogatives spéciales de mère et de maîtresse de maison plus que d'amante.

Et près d'elle se tenait la première femme, l'une des premières que le seigneur n'ait pas répudiée. Elle avait l'air d'une aïeule triste et fatiguée qui ne serait même plus curieuse.

Mais voici celle qui apparaît comme la véritable sultane. Pour elle, le maître a des regards condescendants et admiratifs que nul et nulle autre ne connaissent. C'est une Tunisienne blanche et rousse aux yeux gris. Elle n'a pas trente ans. Elle est très grande et pourtant harmonieuse, avec des chairs appétissantes. Le profil ovin s'ennoblit de la certitude qu'elle possède d'être celle qui peut tout obtenir en souhaitant peu d'ailleurs. Une belle adolescente, lui ressemblant comme une sœur plus jeune, est sa fille dont on va marier les douze années aux quinze ans d'un cousin maraboutique. La sultane a des bijoux rares du plus haut prix. Deux petites tresses rousses, en mèches de fouet, pendent avec des perles le long de ses joues claires. Elle fixe le maître tout puissant avec la familiarité souriante et tranquille de l'esclave souveraine, sûre de sa royauté.

Tandis que les autres femmes gardent un mutisme de soumission et d'aveulissement, celle-ci, d'une voix charmante, évoque Tunis, la ville, la maison de marbre où elle est née pour sa destinée...

Tunis : la plus amicale vision de l'Orient nord-africain.

Elle est blanche avec simplicité. Cette blancheur est moins un rite qu'une coquetterie. Elle apparaît ni immarcessible ni volontaire, mais rayonnante d'un désir de plaire. Ses ombres, tièdes et bleuâtres, sont comme le fard délicat de son visage de houri offerte au voyageur élu. La hardiesse de ce don n'est pas encore cynique ou vulgaire. On la devine voluptueuse avec grâce. Elle se confie au rivage et à l'étranger dans un naïf abandon.

Tunis n'étale même pas l'orgueil de posséder comme demi-aïeule sa grande voisine pour bibliothèques et musées : Carthage. Elle se suffit, dans une impression de charme sans âge, jeune depuis toujours ou rajeunie pour l'éternité.

Son atmosphère épicée, mais soyeuse, apaise et annule, dans la mollesse citadine, l'antithèse que provoquerait le turbulent cosmopolitisme méditerranéen.

Point d'architectures convulsionnaires; mais de grandes lignes droites ou courbes, nobles, sobres, égales, de rythme large et tranquille, se joignant et se disjoignant pour un harmonieux équilibre. La profonde lumière des vastes terres environnantes et du plus vaste ciel ne s'y heurte pas, n'en rejaillit pas éclaboussée, dans un éparpillement d'étincelles aux valeurs diminuées; elle coule en nappes majestueuses, dans une clarté totale, grave et continue. Elle n'éblouit pas; elle éclaire.

L'ombre des souks, l'obscurité des ruelles voûtées sont aussi d'un accueil sans trouble. Des faces pâles et replètes y disent la lenteur des jours identiques et le moindre effort sans exigence du labeur quotidien. L'intérieur entrevu, — au hasard d'une porte que la main d'une négresse entrebâille, — livre la parfaite ordonnance des dalles de mar-

bre ou des carreaux blancs et noirs, l'odeur perpétuelle et délicatement familière des jasmins, le
martèlement cadencé des pilons dans les mortiers
domestiques. Il y a aussi la chanson jaillie de
petites âmes ilotes, pareilles à un nombre infini
d'autres petites âmes immobilisées dans le passé,
— chanson formulée en des paroles qui ne varient
pas, strophes inchangées, immémorial refrain.

Sur les terrasses islamiques, la prière, matéria-
lisée par le geste, élargit vers l'infini l'immense
aspiration humaine.

Cité du repos !

Avenues européennes, maisons musulmanes,
tombes hébraïques, koubbas beylicales, routes de
poussière blanche, oliveraies bleues, vergers de
cactus et d'agaves, tout obéit à une allure pacifique et régulière.

Cela s'offre et s'exprime à la manière d'un chapitre d'admirable prose mesurée ou comme une
symphonie d'inspiration aisée et forte. Cependant,
la page s'encadre d'enluminures et, au-dessus de
la phrase magistrale, bruit une folie de tambou-
rins. Ce sont les « arabats » — qu'au désert on
appelle karatouns, — charrettes antiques si jolies,
sonnantes et peinturlurées, attelées de mules bé-
nignes ou malicieuses, dont les harnais s'adornent
de grelots, de coquillages et de pompons de laine ;
c'est, parmi les souks, l'indescriptible cité des parfums et des cires, des ors et des velours, des cuivres et des joyaux.

Ainsi, dans la poésie caressante et le goût discret des vêtements arabes aux teintes de toisons ou de feuilles mortes, éclate la couleur hardie, provocante des mousselines juives accrochées à des hennins médiévaux.

Ainsi, sur le bleu excessif de la mer les voiles blanches jettent un clair appel vers le large, sur les moissons de la plaine un vol migrateur pose un trait rapide et noir, sur le lac de Tunis les flamants mettent un bijou de corail.

Les enfants ont ramené notre pensée dans le harem.

Les enfants... Toute la descendance déjà puissante, bénie et vénérée.

Ce sont, la jolie fiancée dont la bouche est une convoitise, — une lourde fillette trop grasse, mafflue, avec des yeux glauques, — un gamin essayant ses premiers pas, un amour brun et joufflu, puis, deux nourrissons du même âge nés récemment de la sultane et de la seconde épouse, et dont le seigneur est fier comme de la plus vivante attestation de son inlassable virilité.

Au départ, le préféré et le délicieux nous fit don d'une belle broderie de Khenchela.

— Que te donnerons-nous en échange ?

— Rien que votre amour.

LAMRI

Dans une autre zaouïa très sainte qui est à
Tolga pareille à une petite cité, au cœur même du
monastère et dans le temple des prières, il y a une
niche en maçonnerie.

Un adolescent ne peut y tenir qu'à demi couché
ou accroupi. Les étudiants sacrés qui veulent témoigner d'un grand zèle ou de leurs aspirations à la
sainteté y demeurent pendant un mois.

Et Lamri, l'étudiant charmant de toute sa jeunesse, pâle de toute la théologie pénétrée, avait
subi victorieusement l'épreuve.

Il avait été hautement félicité par le grand prêtre Si Amor, le géant qui aimait les voyages, la
France et les nombreux amis qu'il visitait avec
fidélité.

Maintenant, Lamri se reposait étendu sur la
petite natte de sa cellule ou retrouvait la souplesse
de ses membres en errant dans les beaux jardins
touffus du monastère. Il y rêvait devant le palmier
amoureux éperdument tendu vers un autre qu'il
n'atteindra jamais, tandis que, — mystère senti-
mental des arbres et des hommes, — un olivier et

un grenadier se penchent aussi vers le même dattier
aux palmes flottantes, souples comme une chevelure,
désiré, inaccessible et dolent.

Il avait trois amis graves et délicieux qui l'environnaient de sollicitude sans familiarité, car ils
étaient bien au-dessus de lui et par le rang et par
la science ; c'étaient les deux vicaires du grand-
prêtre et le gardien du trésor des livres de la
zaouïa.

Des deux premiers, Lamri apprenait mieux qu'a-
vec les simples maîtres, toutes les grâces de l'ordre des Rahmania ; — comment le fondateur, Si
Mohammed ben Abd er Rahman el Guetchouli, el
Djerdjeri, el Ahzari, Abou Koubrin, appartenant à
la tribu kabyle des Aït Smaïl, était né à Alger, puis
avait vécu dans les monts du Djurdjura où il était
mort. Son surnom d'Abou Koubrin (père des deux
tombeaux) venait de ce que, ses premiers « khouan »
ayant violé sa sépulture pour emporter son corps
dans sa mosquée d'Alger, les montagnards, prévenus du sacrilège, trouvèrent cependant dans le
sépulcre primitif le corps intact du saint musulman.

On savait mal la date de sa naissance. Il était
mort vers l'an 1793 des Français.

Ses successeurs régnaient sur le Tell et sur le
Sahara. Son ordre, algérien dès l'origine, devait
être rapidement le plus populaire. Parmi les porteurs renommés de sa tradition, on citait Sidi Mohammed ben Azzouz le pieux, né dans cette oasis

d'El-Bordj qui est comme un verger de Tolga où la succulence des pêches le dispute à la saveur des dattes.

Et Sidi Ali ben Amor, fondateur et souverain du monastère de Tolga, était le successeur direct de Mohammed ben Azzouz.

Près du bibliothécaire, dans la haute salle difficilement accessible par un labyrinthe de couloirs où régnaient les ténèbres des entrailles de la terre, au-delà des portes basses que l'on franchissait sur les genoux et la paume des mains, Lamri apprenait les luttes passées et surtout l'histoire de Zaâtcha, l'oasis détruite dont la ruine était la voisine assez proche des jardins prospères de la zaouïa.

— « Et dans ce temps, disait ou lisait le « serviteur des livres », Bou Zeïan de Zaâtcha vit le Prophète. Pour que les gens ne fussent pas incrédules au sujet de cette vision, notre seigneur Mohammed teignit d'un vert indélébile la main de son serviteur favorisé, en attestation du miracle.

« Tous les gens surent ces choses.

« Les Français prirent ombrage du miracle qui agitait les esprits. Un lieutenant du Bureau Arabe vint à Zaâtcha avec le chef de Tolga ; mais le chef ne dépassa pas la porte du village.

« Bou Zeïan était seul sur la petite place, son chapelet dans sa main verte. Les spahis du lieutenant lui présentèrent un mulet pour l'emmener à Biskra. Bou Zeïan brisa son chapelet et se mit à en rechercher les grains épars avant d'obéir. Pendant ce temps, ses parents criaient aux armes et fermaient les portes.

« La poudre commençait à parler.

« Un spahi put ouvrir l'une des portes fermées et le lieutenant s'échappa dans la forêt de palmiers. Ainsi fuyant, il arriva jusqu'à Bou-Chagroun, d'où il envoya un messager lui chercher du renfort à Biskra.

« Le messager galopait vite ; mais la destinée arabe allait plus vite que le messager.

« A la même heure de prière, du haut de tous les minarets des Ziban, chaque mouedden cria l'appel à la guerre du salut, la « djihad » sainte.

« Quand le chef militaire de Biskra, accouru, fut arrivé devant Zaâtcha, les gens avaient déjà cloué les portes et répondirent à ses sommations :

— « Nous avons chassé le petit bureau arabe (le lieutenant), nous chasserons aussi le grand (le capitaine). »

« Et le capitaine ayant fait appeler les chioukh de Lioua, de Farfar, de Tolga et de Foughala avec les membres de la djemaâ de chacun de ces villages, les chefs se présentèrent seuls ; pas un des autres hommes n'avait voulu les suivre.

« Blâmés de cela, ils s'en retournèrent, et les Français ne les revirent plus, et tous les villages déclarèrent qu'ils défendraient Zaâtcha et l'homme au miracle, Bou Zeïan.

« Celui-ci possédait des émissaires subtils que nul ne surprenait ou n'eût voulu livrer, même parmi les bernous restés fidèles aux Chrétiens. Un jour, de l'Aourès au Hodna, toutes les tribus s'insurgèrent.

« Alors, de Batna, un colonel et ses soldats descendirent. Ils descendirent laissant derrière eux le calme avec le châtiment. Puis, ils s'arrêtèrent devant Zaâtcha, où la terre brûlait, car c'était dans la force de l'été. »

— Regarde dans ta tête ce spectacle, Lamri !

« Des goums de M'sila, de Bou-Saâda, des Oulad-Naïl se sont joints à Bou Zeïan dans le village et dans l'oasis. Ils viennent jusqu'à la lisière des jardins crier des paroles de défi. Les Français bondissent. Mais Zaâtcha s'est fait une ceinture de guerre avec des fossés profonds, de rudes ornements en troncs de palmiers, des murs crénelés d'où les fusils et les pistolets crachent la mort... Et, pour cette fois, le colonel ne prit pas l'homme au miracle. »

Le bibliothécaire s'interrompait un moment, passait sous silence les longues intrigues de Bou Zeïan pendant le mois d'août de cette année 1849. Il taisait son union avec Bel-Hadj, le félon meurtrier de la garnison française du fort turc de Biskra, et avec ce prêtre de Khanga-Sidi-Nadji, orgueilleux ne reconnaissant pas la suprématie de la zaouïa mère. Il revenait vite à l'action précise de Zaâtcha, où sa famille avait vécu et dont le souvenir faisait flamber sa face maigre.

« Et Bou Zeïan, acceptant chaque jour l'alliance

de nouveaux goums, fit entourer d'un mur de défense la forêt de dattiers qui, de Zaâtcha à Lichana,
comptait 70.000 palmiers et deux sources. Des
tours réunies par des terrasses crénelées hérissè-
rent l'enceinte du village.

« A l'automne, l'armée française avec un grand
nombre de généraux arriva devant les fossés. Elle
dut y rester impuissante pendant plus de cinquante
jours !

« Mais, — et ceci est un autre jeu de la destinée,
— Regarde encore dans ta tête, ô Lamri ! — un
matin à 8 heures les premiers coups de fusil retentissent; à 8 heures et demie, le drapeau français
est planté par les zouaves sur la plus haute terrasse.

« C'est la bataille dans toutes les maisons, toutes les chambres, tous les trous et devant chaque
petite porte murée. »

Regarde !

« Il y avait une chambre obscure dont la poudre creva le mur. Par cette brèche un soldat est
entré. Quelques hommes sanglants se serrent là,
dans l'ombre, pour le geste de la suprême résistance ou du désespoir.

— « Bou Zeïan ! Bou Zeïan ! hurle le soldat.

« Tout près de lui, une voix noble répond :

— « Je suis Bou Zeïan.

« Le soldat tire au dehors l'homme à la voix
noble, l'homme à la main verte dont les mains sont
rouges.

« Et l'un des généraux a dit :

— « Fusillez ce faux prophète.

« Bou Zeïan est sur la terrasse de sa maison.

« Bou Zeïan crie : — Dieu est le plus grand ! —

« Bou Zeïan est mort.

« Alors, ô Lamri, « ils » lui ont coupé la tête...
Cherche Zaâtcha maintenant ! »

Lamri voyait très bien les lieux actuels, tels que
les avait laissés le châtiment des rebelles : quelques
palmiers désormais stériles, seuls survivants de la
forêt détruite, des bosses de terre à la place où le
village fortifié avait sauté et, sous une treille, près
d'un abricotier fragile, une colonne brisée, un
monument aux soldats français tombés là, — monument souillé de façon volontaire et ignoble par
un touriste allemand l'hiver précédent.

Le « serviteur des livres » disait encore :

— Lis ceci, mon ami l'étudiant.

Ecrit d'un calam simple et usé, c'était un vieux
chant à la gloire de Bou Zeïan, composé par Mohammed el Lichani qui « assemblait les rimes comme
les grains du chapelet » :

O ramier solitaire, prête-moi ton aile.
Vole vers le bey du Sahara, Bou Zeïan.
Il n'est pas de ceux qui se courbent.
Les pistolets de ses partisans sont incrustés de corail.

Celui qui a vu le Prophète est sûr de vaincre.
S'il plaît à Dieu, nous boirons à la coupe divine
Le vin, le miel et l'arôme du *bàn* (la cassie).

Nous suivons la voie tracée par le Prophète
Et nous croyons en Bou Zeïan !

La bibliothèque contenait des grimoires moins
pathétiques, des tragédies moins prenantes, des
aventures achevées dans moins de gloire ambitieuse et follement héroïque.

Les doigts déliés du bibliothécaire effleuraient
les entassements de manuscrits et de livres au dos
desquels les lettres des titres mêlaient leurs arabes-
ques avec un art complexe et subtil, en jeux savants
jusqu'à devenir indéchiffrables. Ces doigts accoutumés ouvraient le triptyque des admirables pan-
neaux en cuir de Cordoue ciselé qui renfermaient
le charme, la sagesse et le secret des pages écrites.
Ainsi se révélaient un superbe exemplaire de « la
Bourda » et le plus sublime d'entre les livres après
le Koran, celui qui s'intitule « les Présents domini-
caux », qui est l'œuvre de Moustefa ben Bachtarzi,
auquel monseigneur Abderahman lui-même donna
le « mot » de l'ordre des Rahmanïa ; — ce livre
renfermant tous les préceptes était le bréviaire des
prêtres et des savants affiliés.

A travers les jardins, près des humbles travail-
lant la terre, l'étudiant silencieux et blanc s'enfonçait dans la méditation comme sous l'ombre des
treilles et des roses.

Peu à peu, sa méditation muait en une aspiration
ardente vers les violences et les plaisirs de la vie.

Il pensait avec le proverbe :

Le paradis de la terre est sur le dos des chevaux,

Dans les livres,
Entre les deux seins d'une femme.

Lamri n'avait encore que les livres.

Chaque jour il s'appliquait à réciter trois mille fois et plus de trois mille la « chehada [1] », selon la loi de l'ordre ; mais, soudain, à cause de sa pensée secrète, les paroles sacrées balbutiaient en paroles de lassitude ; Lamri ne psalmodiait plus ; il chantait languissamment l'inspiration du poète :

> Qui me donnera un corps que je me plaigne de
>   son dépérissement ?
> Qui me donnera un cœur que je me plaigne de
>   ses palpitations ?
> Si j'ai vécu jusqu'à ce jour, c'est que
>   j'étais caché
> Et que la Mort n'a pas découvert ma retraite.

Cependant, la Mort, subtile et blonde, cheminait sur l'heure à côté de lui, ondulant et glissant entre les touffes de menthe qui embaumaient les jardins.

Lamri se coucha parmi la menthe et le sommeil vint le visiter. La Mort se coula près de sa tête et, lovée, attendit dans une tache de soleil.

Lamri rêva étrangement...

Dans la zaouïa, au lieu des deux vicaires dont il aimait l'enseignement, il rencontrait deux jeunes femmes chrétiennes aux joues fleuries de roses délicates par les vents du septentrion. Elles parlaient et lisaient en arabe mieux que « le serviteur

1. Formule de la foi islamique.

des livres » et connaissaient la théologie aussi bien que le grand-prêtre Si Amor...

(On avait raconté à Lamri que deux Européennes — d'ailleurs bientôt expulsées à cause des désordres et des bagarres suscités par leurs réunions publiques) — avaient parcouru le Sahara de l'Ouest, prêchant une nouvelle religion musulmane, disaient-elles, mais dont le bréviaire serait la Bible.)

Elles passaient dans le songe de l'étudiant. Elles le saluaient avec des gestes d'amour...

Un cheval galopa dans le chemin encaissé le long du mur des jardins. Un cri d'enfant troua le chaud silence. Lamri eut un sursaut...

Alors, la Mort redressa sa tête de vipère cornue aux yeux jaunes [1] et le toucha à la tempe.

1. Vipère ammodyte.

LE TIDJANI

Dans l'oued vide en ce chaud printemps, rose de soleil couchant, un groupe venu de Biskra s'avançait parmi les galets.

Deux Soudanais conduisaient une fine mule noire harnachée de rouge. Un vieillard la montait, lourdement drapé de blanc pur. A hauteur de l'étrier, marchait un homme d'importance au turban élevé, aux triples bernous. Il y avait une suite de serviteurs.

Le vieillard était Si Mohammed Laïd, l'iman vénéré de la confrérie saharienne, toute puissante jusqu'au pays noir, de l'ordre des Tidjanïa, dont le pape réside à Aïn-Mahdi et le premier prélat à Temacin du désert.

Souvent, lors de ses séjours annuels à Biskra, Si Mohammed Laïd fut notre hôte avec son premier vicaire, le mokaddem Hadj Amar. En ses attitudes béatement familières, il restait l'imposant héritier d'une tradition qui l'environnait de gloire et de privilèges divins; il était le cheikh, l'Ancien, le Vénérable, maître spirituel et temporel de légions d'hommes qu'une seule invocation fanatisait.

Il possédait « l'étincelle du pouvoir de Dieu », *la baraka* ou bénédiction.

Une fois, lui faisant escorte, nous l'avions suivi vers son monastère de Tamelhat et la cité sainte de Temacin. Soulevant les rideaux de son archaïque litière suspendue entre deux mules aux allures exactement rythmées, il causait, évoquant tout un long passé d'influence fidèle à la France. Il parlait de son père venu jusqu'au camp français devant Touggourt, ville prise en 1854, précédé par les étendards de la zaouïa déployés en signe d'alliance; on l'avait chargé de la tutelle des enfants du sinistre sultan Selman détrôné.

— Ah! Si Laïd, et si les Français faisaient encore une fois la guerre?...

Il sourit.

— Certes! ce ne serait pas contre nous.

— Mais leur seriez-vous fidèles dans la bonne et la mauvaise fortune?

— Certes! il y a longtemps que nous avons pris l'habitude de la fidélité.

Ville très sainte de Temacin! Très sainte zaouïa de Tamelhat! Giron de la foi indiscutée et de l'indiscutable autorité! Tamelhat et son peuple de disciples, ses rues chaudes sous les voûtes, ses arcades sculptées et ajourées dans le stuc, son temple où, sous le poids des soies et des brocarts anciens, repose le maître des premières initiations.

Ils étaient tous là les étudiants métis au visage

couleur de terre, les adeptes nobles au visage ivoirin. Un moment, ils s'arrachaient aux arcanes de la théologie et de l'histoire, de l'écriture et de la magie, de l'alchimie et des sciences exactes, pour jouir du plaisir curieux de notre arrivée. Esclaves du savoir et de la piété pendant une année ou une saison, ils libéraient soudain leur esprit et leurs sens pour les enivrer un instant des parfums étrangers que nous apportions dans nos bernous.

Tamelhat ! où les plus vieux savants se réunissent encore pour apprendre les choses nouvelles ou celles qu'ils omirent d'approfondir. Tamelhat où s'échangent les informations, où s'inscrivent les récits du temps présent, où se conserve la vérité des événements passés !

Que de faits nous apprîmes de toi, Tamelhat !

Ce fut l'Histoire :

Sidi Ahmed Tidjani, fondateur de la règle et de la maison mère d'Aïn-Mahdi, inquiétait le gouvernement turc par sa puissance. Mais le pacha d'Alger eut un songe dans lequel le divin merabet le transformait en femme. Alors, il envoya au perturbateur des émissaires avec cinq bœufs, des nattes, des cierges et des tapis pour le temple, des bernous, des chapelets, des essences, des robes de femmes et d'enfants pour la famille du saint.

Ce fut la légende :

Les Turcs avaient braqué leurs canons contre la ville sainte d'Aïn-Madhi. Mais, par le pouvoir de monseigneur Ahmed, les canons ne tiraient pas et toute la poudre ressortait en fumée inoffensive.

Et ici-même, Hadj Ali l'ancêtre, assiégé par le sultan de Touggourt dans les jardins de Temacin, avait conduit ses fidèles sans armes à la rencontre du redoutable ennemi. Et, à l'heure et à l'instant, chaque palmier faisait feu miraculeusement, avec des balles plus nombreuses que les dattes de leurs régimes.

Le vieux prêtre possédait une façon heureuse d'incliner vers ses auditeurs toutes les blancheurs accumulées de son turban et de ses vêtements. C'était souvent pour mieux entendre une réflexion, car l'âge avait durci son oreille. Si sa langue se faisait paresseuse ou si ce qu'il voulait dire ne le séduisait pas particulièrement, il donnait la parole à son vicaire. Il la lui donnait aussi dans les cas difficiles, ceux où il ne suffit point du digne langage d'un pontife, mais où il faut l'éloquence plus subtile de ce mokaddem qui possédait des parents et des amis dans tous les milieux, toutes les professions, comme autant de sources d'informations.

Si Mohammed Laïd aimait le faste. Il rappelait volontiers la grandeur de son aïeul, — khalifa nommé par Ahmed Tidjani même, — et auquel Hussein, bey de Tunis, fit construire une mosquée et une maison de bains. Pour son service personnel, cet aïeul avait trois cents nègres esclaves et trois cents négresses. Quand les Français étaient arri-

vés à Biskra, les gens du désert, ceux du Souf,
ceux de Touggourt, lui avaient demandé quelle
devait être leur attitude.

Il répondit :

— Restez en paix, car le chemin que suivent les
Français me paraît juste et sage.

Si Mahommed Laïd est mort.

Son fils est aujourd'hui maître du temple de
Tamelhat. L'automne dernier, après les autres
chefs de confréries, il saluait d'une proclamation
loyaliste les gestes acharnés de la grande guerre.
Maintenant encore — (juin 1915) — il fait un nouvel appel « aux fidèles tidjanïa, à tous ceux qui
vivent sous la vigilante protection du peuple français ».

Nous nous souvenons des paroles du père :

—.... Il y a longtemps que nous avons pris l'habitude de la fidélité.

Tamelhat...

Dans le cas de ces désespérés qui ne se retran-
chent pas de la vie, mais du monde, c'est cette
retraite que nous choisirons plutôt qu'une Char-
treuse ou un Carmel.

Pour oublier ou guérir, le silence du tombeau est
trop propice à la persécution de la mémoire et de
la tentation.

Au cœur des étendues primitives et sereines,
dans la tiédeur des murailles blondes, parmi des

êtres au parler noble et mesuré, bercés par un murmure de prières à belle courbe de poétique éloquence, dans l'atmosphère d'une religion qui n'impose pas le renoncement déchirant, mais qui est une aspiration vers toutes les joies immédiates, nous guéririons par l'apaisement.

CHADELIA

Et peut-être est-ce ta doctrine qui serait choisie de préférence à toute autre, ô fondateur de l'ordre des Chadelïa.

Ah ! le spiritualisme de tes conceptions ! la prière aussi nombreuse que les battements du cœur, rien qui sépare de la Divinité, l'être aboli dans la gloire de Dieu, l'extase. Ni monastère ni pratiques ostentatoires. La vie errante et contemplative ; pour profession de foi le « Touahid », proclamant l'unité d'Allah, pour science le « Tessououf » qui ouvre les mondes invisibles et, ainsi reprendre ta route, apôtre du Maghreb, ô Tadj-ed-Din Abou-el-Hassen Ali-ech-Chadeli, fils de Atha Allah, fils de Adbel Djebar, ô seigneur Hassan Chadeli — toi qui n'eus d'autre descendance que tes disciples !

C'est à Khanga-Sidi-Nadji, ce nid d'hommes entre le désert et la montagne, que nous t'avons préféré.

La piste s'infléchissait brusquement dans une gorge de rocs nus, blancs et rouges, à arêtes vives, où le travail de l'érosion éolienne et pluviale créait l'aspect fantastique.

La piste s'accrochait à la paroi des monts enserrant le lit de l'oued-el-Arab. Dans ce lit profond stagnaient des flaques d'eau verte et les galets se nuançaient de turquoise. Une petite fille vêtue de rouge et un gamin demi-nu cheminaient derrière un âne noir chargé d'épines. L'oasis de Khanga, étroite et délicieuse, allongea ses jardins sauvages, dispersa ses lauriers roses et jeta ses maisons de galets pâles et de boue vermeille à l'assaut d'un sommet de pierre empourprée et d'argile flambante. Si verticales, les pentes de ce sommet, qu'elles défiaient les lois de l'équilibre! Ce roc formidable allait choir sur l'inconsciente et hardie petite cité des hommes, ruche de montagne, oasis téméraire, oasis d'une nuit ou d'un jour, éclose par miracle au royaume des rochers.

Sidi Hassan Chadeli, voici la résidence de tes fidèles Nacerïa, maîtres de l'une de tes zaouïas indépendantes; — car ton ordre n'a pas de maison mère et chaque thaumaturge instruit dans ta tradition est devenu chef d'une école de philosophie pieuse. — Ainsi les Chadelïa s'appellent-ils ici « Nacerïa », au Maroc « Derkaoua », et « Modanïa » en Tripolitaine.

Sur la place de Khanga-Sidi-Nadji, pointent cinq palmiers vétustes. Un cheval bai hennit, lié à un tronc renversé.

Les vieux et beaux murs de constructions hautes, riches, traditionnalistes, dépassées par un minaret, encerclent l'espace restreint. Plus haut, dominant tout, dressant éperdûment sa cime rouge qu'escalade une *guelaâ*, un ancien grenier public, dont la toiture est déjà tombée, c'est le sommet aigu à paroi lisse et flamboyante.

Patio de mosquée, sanctuaire lentement traversé, cloître refuge de la méditation...

Nos regards venaient de violer le secret des atria de logis luxueux et barbares. Une vie facile et ancienne s'y poursuivait, vaguement intellectuelle et ne reconnaissant rien, sinon le prestige des khouan chadelïa et l'autorité plus maraboutique qu'officielle ou administrative de ce vieux caïd qu'on dit appartenir à la confrérie des Rahmanïa, mais volontiers dissident en matière de dogme.

Vous nous parliez au seuil de vos cellules, ô disciples :

— Nous avons des frères dans la montagne, vers Khenchela, à la zaouïa de Tamza. Notre plus grande maison et notre meilleur saint sont à Tamegrout du Maroc. Nos prêtres, ici, descendent du khalife Atsman...

Vous nous emmeniez vers le dédale des ruelles, des impasses, des voûtes. Les hommes, les femmes, les animaux s'y coudoyaient et s'y heurtaient. Une rue voulait atteindre au faîte du sommet rouge ; mais elle redescendait, passait au-dessus d'une blanche et plate petite école à arcades, où il y avait un instituteur français avant la guerre, sinuait entre les murs bas de jardins profonds, mais légers et clairs, plantés uniquement de fins palmiers *deglet nour*. Pour revenir entre les maisons, la rue franchissait un petit cimetière enveloppé de la vie des palmes et des logis et où la seule chose vivante était un buisson tabou hérissé de guenilles.

Vous parliez...

— Nous servions les Turcs, mais nous avons préféré aimer la France. Ceux-là construisirent, au débouché des gorges de Khanga, des forts qui nous défendaient mal de la razzia annuelle des Nemencha. Les Français victorieux nous font faire une grande route par leurs prisonniers allemands. Certes ! le temps de notre seigneur Chadeli[1] est ancien mais la noblesse de nos prêtres de Khanga est certifiée par le duc d'Aumale et le général Bedeau...

Flatterie ou naïveté...

Ils content encore l'histoire du caïd au fin visage. Ses ancêtres ont leur tombeau dans la mosquée de Sidi M'barek, dont voici le minaret. Il est de la famille des Ben Naceur qui tire son origine de Sidi M'barek ben Nadji[2], fondateur de Khanga. Et celui-ci fut le seul échappé à la colère de l'émir des Chabbïa, tribu conquérante, par laquelle tous les mâles de sa famille avaient péri.

Nous n'écoutons plus...

C'est le soir.

L'oasis et la cité audacieuse étouffent dans l'atmosphère stagnante, entre les hautes montagnes resserrées, un air immobile qu'aucun souffle ne renouvelle.

---

1. 1196-1258.
2. 1614.

Dans un jardin de palmes et d'oranges, un unique iris violet fleuri épuise le parfum de son âme odorante.

O Sidi Hassan Chadeli, selon ta plus pure doctrine, épuisons notre âme de ferveur et de prière dans la béatitude du silence.

LA VOIX ININTERROMPUE

Dans un café maure, il y avait un vieil homme savant.

Il lisait l'écriture ancienne d'une voix si haute et si nette qu'on l'entendait même en dormant.

C'était là sa profession.

Il lisait *Antarïa*, que les gens d'Occident appellent Antar, — *Alef lil ou lila*, Mille nuits et une, et des légendes du *Kitab el Adouani*, qui est un livre du désert écrit dans le Sahara.

Il pouvait lire toute la nuit sans fatigue. On eût reconnu son accent entre dix mille.

Un soir, sa voix se tut brusquement.

Il pencha la tête. Nous ne vîmes plus son visage parce que son fils était venu s'asseoir devant lui. Il avait pris des feuillets de lecture et sa voix se trouvait tellement semblable à la voix paternelle que nos oreilles ne percevaient point de différence.

Le lendemain, nous sûmes que le vieux lecteur était mort pendant le court silence entre les deux voix égales.

Or, le défunt laissait deux fils possédant également la science des livres et de l'écriture.

On disait que l'étude avait pâli leurs traits et rendu leurs yeux malades. L'aîné chérissait le kif et l'anisette des courtisanes. Le plus jeune s'énivrait de fables, de préceptes et de l'odeur des manuscrits qu'il gardait dans un coffre de cèdre.

Au café maure, ce fut l'aîné qui remplaça le père. Ainsi la voix familière ne cessa pas de se faire entendre.

Un lieu plein de calme, ce café. Les murs étaient peints de fleurs prodigieuses, de chevaux galopant d'étrange sorte et de gazelles géantes. L'auditoire passif somnolait ou gardait grands ouverts des yeux vides et brillants comme ceux des dromadaires au repos. Les hommes silencieux se vautraient sur des nattes du Hodna. Les plateaux de cuivre luisaient autour du foyer où les reflets de braise dansaient contre les carreaux de faïence. Une odeur agréable et complexe flottait, effluves de tabac et de genévrier, de café sucré et de thé à la menthe. D'autres parfums entraient ou sortaient avec le caprice des danseuses.

Le lecteur s'accroupissait sur une petite estrade. Une bougie haute comme un cierge brûlait à côté de lui ; de son sac tissé de laine et de poil, il tirait les feuillets manuscrits, si usés qu'ils étaient légers et souples tels des lambeaux de soie. Rapprochant les feuillets de ses yeux rouges, il lisait, d'une langue véloce, avec des intonations qui s'élevaient et s'abaissaient en gammes courtes, puis commentait en parler vulgaire, accessible à chacun, les récits licencieux et héroïques.

Il lisait :

«... elle dansa, comme seul peut-être devant Saül noir de tristesse avait dansé le berger David.

« Et elle dansa les danses des Juives, et celles des Grecques, et celles des Éthiopiennes, et celles des Persanes, et celles des Bédouines... »

Parfois apparaissait une petite hétaïre en robe violette, qui ne savait que la danse des Bédouines et celle non citée et pourtant archaïque des Naïliat, A pas menus elle ondulait entre les hommes, ou, grave, dans l'attitude d'une madone bénissante, aux sons d'une musique soudaine où passaient le frémissement des tourterelles et le râle des guerriers, elle livrait au rythme étrange ses mains dont chaque doigt devenait un oiseau voltigeant.

A dix heures le café commençait à se vider lentement. Le lecteur s'en allait. Quand il ne s'attardait pas aux plis de la robe violette, il marchait jusqu'aux plus lointains villages. Il trouvait toujours, là-bas, quelque maison de gens de bien où ses histoires colportées par les gamins avaient rendu une femme amoureuse.

Un jour, on découvrit son cadavre dans une impasse. On l'avait rejeté par-dessus le mur du gynécée violé. Les chiens affamés et les mouches voraces l'environnaient.

La voix familière ne s'est pas interrompue.

Le frère a repris la succession d'un mort.

Mais la guerre a éclaté. Le café maure appauvri n'entretient plus ni danses ni lectures.

Au seuil de son humble maison de terre, le dernier lecteur des oasis s'absorbe dans un patient travail, son calam rajeunissant les lettres enluminées des manuscrits précieux. Des passants s'arrêtent près de lui. Souvent, il consent à lire pour eux.

On lui apporte des textes de prières et de discours faits pour ces temps troublés. Il les lit d'une voix plus haute sous les palmes :

« ..... L'Allemand est connu pour son injustice, son iniquité, son impiété, sa violence, sa vanité grossière.

« La France est réputée pour sa sollicitude, sa compassion, sa générosité.

« Elle protège les sciences et tend la main aux peuples dépourvus des moyens de progresser dans l'univers.

« C'est en raison de ces belles qualités de la France que Dieu a placé sous son égide les plus vastes colonies et lui a donné, dans maintes rencontres, la victoire sur ses ennemis...

« Mettons toutes nos espérances en elle.

« Redoutez le désordre : les injustes ne seraient pas les seuls qui en souffriraient.

« Ne vous fiez pas aux colporteurs de nouvelles.

« Soyez réservés.

« Nous vous recommandons la soumission et

l'obéissance, qualités qui vous rendront heureux.

« Abou-Hourira rapporte que l'Envoyé de Dieu le prit un jour par la main et lui dit : — « O Abou-Hourira, ne commets pas d'action répréhensible, tu seras le plus pieux des hommes. Contente-toi de ce que Dieu t'aura donné, tu seras le plus riche des hommes. Fais le bien à ton voisin, tu seras un vrai croyant. Fais pour autrui ce que tu voudrais qu'on te fît, tu seras un bon musulman. »

« ... D'autre part, le Prophète lui dit : — « La guerre dort, maudit soit celui qui la réveille[1].»

Peu à peu, le cercle s'élargissait autour du lecteur. Sa lecture devenait comme un enseignement écouté par un grand nombre. Ses paroles et le son de sa voix fluaient en apaisement dans le sang trouble des Oasiens énervés.

Et le soir descendait sur la paix de ces hommes.

1. Extrait d'un appel adressé aux Musulmans par l'Association cultuelle d'Alger, le 15 Ramadan 1332 (7 août 1914).

CEUX DES ONZE VILLAGES

Au *Crépuscule d'Islam*
d'André Chevrillon.

Cette vie n'est qu'un meuble fragile.
O insensé, insensé celui qui s'y attache.
Ce qui est passé est mort ;
Ce que l'on espère est caché :
Tu n'as à toi que l'instant où tu respires.

(Auteur ancien.)

Tant que la brise de l'Est
courbera les rameaux du saule musqué,
tant que le chamelier
charmera son troupeau par son chant !

(Extrait de la prière appelée la Bourda.)

Nous les aimons, parce qu'ils sont si loin de
nous.

Par le chaos des chemins montagnards, ils vinrent à notre rencontre du fond des siècles.

Leur figure, leur langage et leur pensée n'étaient
pas ceux des hommes de leur temps. Leurs pieds
nus posés sur une sandale de cuir ou d'alfa gardaient la poussière des premiers exodes. Ils gra-
vissaient les pentes avec l'énergie des peuples migrateurs qui ne s'arrêtaient point. Ils avaient le
dur et définitif aspect des silex taillés. Malhabiles
à se servir d'un fusil, ils savaient lancer les pierres.

Nous les admirons parce qu'ils nous restèrent
incompréhensibles.

Ils nous regardaient, mais sans nous voir. Nos
gestes ne mirent pas un nuage dans le ciel tranquille de leur mémoire.

Dans la montagne berbère, les gens des onze

villages boivent à la même rivière, se nourrissent des dattes des mêmes jardins et fraternisent peu.

La crainte des représailles de l'étranger devenu le maître impose une trêve aux combats anciens.

Et voici une rude page de l'histoire des **onze** villages nichés dans les palmiers de Mechounêch et les méandres de la rivière, comme nichent aux creux des roches les pigeons bleus des gorges de l'oued El-Abiod.

22 mars 1844.

Au maréchal Bugeaud
gouverneur général de l'Algérie.

« La division de Constantine a terminé la première partie des opérations que vous lui aviez confiées ; elle a parcouru toutes les oasis connues sous le nom de Ziban, dans les premières plaines du désert, chassé le khalifa qui y gouvernait au nom d'Abd-el-Kader et dispersé ses soldats réguliers.

« Le 4 mars, nous entrions sans coup férir à Biskra. Mohammed Seghir, kalifa d'Abd-el-Kader, avait quitté cette ville depuis cinq jours, avec ses troupes, et s'était réfugié dans l'Aurès. Il avait vainement tenté d'emmener avec lui la population, qui nous reçut à bras ouverts ; le soir même, les députations de toutes les petites villes des Ziban et de toutes les tribus nomades sans exception étaient dans notre camp, demandant le pardon de toutes les fautes, l'amitié et la protection de la France.

« Nous devions aussi tâcher d'atteindre le khalifa et de détruire ses forces déjà affaiblies par la désertion...

« J'appris qu'en s'enfonçant dans la montagne il avait laissé une partie de ses richesses à Mechounêche, à huit lieues de Biskra...

« Le groupe de montagnes connu sous le nom de djebel Aurès se termine vers le sud par des rochers escarpés à peu près inabordables. L'oued-el-Abiod, sortant d'une gorge étroite et entièrement impraticable, arrose une petite vallée remplie de palmiers, de jardins bien cultivés et de maisons en pierres. Cette vallée est enfermée au nord par le djebel Ahmar-Kheddou, qui dépend du groupe de l'Aurès et qui n'est accessible que par un seul sentier très difficile. Sur ses flancs déboisés et à pic se trouvent trois petits forts solidement construits et un village retranché dont la position est réputée inexpugnable, et qui sert de dépôt, non seulement aux habitants de l'oasis, mais à beaucoup de gens de l'Aurès et du Sahara.

« Des déserteurs m'apprirent que les Beni-Ahmed, habitants de Mechounèche, étaient allés trouver le khalifa d'Abd-el-Kader, lui avaient reproché d'avoir attiré sur eux la colère des Français et l'avaient forcé de venir dans leur pays pour les défendre avec ce qui lui restait de troupes régulières, environ 200 fantassins et 15 cavaliers. La guerre sainte avait été prêchée dans la montagne...

« ... Notre colonne, forte de 1.200 baïonnettes et de 400 chevaux, quitta Biskra le 15 pour attaquer le rassemblement qui nous attendait. Arrivés devant Mechounêche, nous vîmes toutes les hauteurs chargées de monde et de grandes clameurs s'élevèrent de toutes parts.

« Notre convoi se masse sur un plateau où il reste, gardé par quelques compagnies; le reste de l'infanterie, la cavalerie et l'artillerie se forment pour l'attaque. La position ouest est enlevée au pas de course par le bataillon du 2e de ligne. J'y envoie la section de montagne, qui lance les obus dans l'oasis et sur les groupes qui occupent les hauteurs à l'est du village. Ces mamelons sont bientôt emportés par trois compagnies de tirailleurs indigènes... En même temps, le 2e de ligne enlève le bois de palmiers. La cavalerie et trois compagnies de la Légion étrangère suivent le lit de la rivière et arrivent au pied de rochers escarpés où l'ennemi se croyait à l'abri de nos poursuites. Il est bientôt débusqué avec grandes pertes du village retranché, où s'établit le 2e de ligne; mais le fort, situé à mi-côte sur une arête fort étroite au-dessus de la gorge de l'oued El-Abiod, présente une vive résistance et inquiète par un feu plongeant les troupes qui se rallient après l'enlèvement des premières positions. Un petit plateau où se trouvent deux forts de moindre importance est occupé par la Légion étrangère et par l'artillerie. Quelques obus tuent et blessent une partie des défenseurs et favorisent le mouvement de M. le commandant Chabrière qui, avec deux compagnies de la Légion, gravit les rochers pour tourner le fort en se défilant le mieux possible du feu très vif qui est dirigé sur lui de toutes parts. Le 2ᵉ de ligne débouche en même temps du village, et le fort est enlevé.

« Cependant, une compagnie de grenadiers de la Légion cheminait avec succès vers la crête supérieure de la montagne lorsque les réguliers accourent pour la défendre. Ils font pleuvoir sur les assaillants une grêle de balles et roulent sur eux des quartiers de rocs. Des difficultés de terrain épouvantables arrêtent l'élan des braves grenadiers ; les officiers et sous-officiers cherchent à ouvrir un passage ; ils sont les premiers atteints ; une lutte corps à corps s'engage ; écrasés par le nombre, nos hommes vont reculer ; mais les troupes qui ont pris part à l'attaque du fort et du village arrivent à leur aide ; les tirailleurs indigènes, après le succès de leur première attaque, accourent et essayent de tourner la position par la droite ; les obusiers sont traînés à bras jusqu'à mi-côte ; leur feu et celui des fusils de rempart sont dirigés sur la crête ; les tambours battent ; on s'élance à la charge et les dernières hauteurs sont enlevées à la baïonnette.

La fusillade cesse instantanément. L'ennemi, épouvanté, s'enfuit abandonnant toutes ses provisions et laissant sur le terrain des cadavres que la précipitation de sa retraite ne lui a pas permis d'enlever.

« Ce combat nous a coûté six hommes tués, dont un officier, et seize blessés, dont cinq officiers.

« Le lendemain, nous fîmes séjour à Mechounêche ; l'ennemi ne reparut d'aucun côté. Les villages et les forts enlevés la veille furent détruits et incendiés, ainsi que les immenses magasins qu'ils renfermaient. Dans la journée, j'ai reçu la soumission des Oulad-Zïan et des Beni-Ahmed. Je sus par eux que l'ennemi avait essuyé des pertes considérables ; parmi les seuls habitants de Mechounêche, on comptait 14 morts, dont les deux chefs. Le rassemblement s'était dispersé. Mohammed Seghir s'était enfui vers le territoire de Tunis et le reste de ses réguliers disséminés annonçait l'intention d'aller s'enrôler à Biskra..... »

« *Le lieutenant-général*
Commandant supérieur de la province
de Constantine,

« HENRI D'ORLÉANS. »

22 mars 1914.

Un sobre matin.

Une lumière épurée par le vent qui passait haut sans soulever le sable.

Pour gagner Mechounech, nous suivions ces invraisemblables chemins des derniers contreforts sur le versant saharien du djebel Aurès, — ceux que suivit le prince de France à la poursuite du khalifa d'Abd-el-Kader. Mornes de terre rouge, aiguilles de marbre, dalles de gypse et verrues de silex, tables de marne hérissant un paysage lunaire où les prodiges de l'érosion éolienne et pluviale, marqués de grandeur et de fantasmagorie, se succédaient dans une impressionnante diversité. La genèse des formes dévêtues par les vents et les orages se révélait.

De l'effort continu des attelages nerveux et minces, nos voitures escaladaient les pentes, viraient à verser aux périlleux tournants de la piste dont les bords s'éboulent dans les ravins, dévalaient en galops de folie sur les déclivités trouées, forées, hérissées de pierres croulantes.

La lumière croissant avec les heures du jour soulignait la désolation superbe de l'austère contrée. A de longs intervalles chantait la douceur verte et rousse, la fraîcheur d'eaux courantes des oasis de Drôh et d'El-Habel ; celle-là, touffue et ébouriffée, celle-ci étirée au bord de la rivière et gardée par sa citadelle berbère fortifiée sur un plateau strié de noir et de rouge.

Soudain, à un détour, s'érigea un beau cavalier pourpre.

La piste se précipitait vers le lit de l'oued El-Abiod, d'où elle remontait à pic sur un vaste plateau aride, étincelant de la couleur de la terre et de la foule de légende qui s'y rassemblait.

En un beau fracas, hors de la bouche ardente des fusils éclatait la poudre.

Là où, soixante-dix années auparavant, s'était massé le convoi de conquête et de châtiment, il y avait tous les chioukh de l'Aurès montant des mules pareilles, — les mules couleur d'étourneau, favorites des conteurs. Il y avait le goum fastueux, les bruns cavaliers féaux de la famille des Ben Chenouf, dont l'ancêtre Bou Allag comptait parmi ses aïeux Giafar le Barmakide.

Les chevaux de race s'alignaient, puis bondissaient hors du rang festonné par la courbe de leur encolure, frangé de leur crinière, pailleté de l'argent des têtières. L'œil enchanté ne pouvait choisir entre la robustesse élégante, la richesse des cols roués, la croupe généreuse des barbes fameux et le profil de lévrier, les membres intelligents et vifs, la joue sèche, les naseaux sensibles, les muscles attentifs des précieux syriens.

Le fanion rose passementé d'or palpitait au-dessus du goum. Une « nouba » sauvage ensorcelait la foule et la montagne.

Le seigneur du goum nous quitta pour s'élancer sur un étalon couleur de corbeau. Et le suivirent son jeune fils, — un enfant encore, — son frère au visage d'aventurier épique, son autre fils, dont le pur-sang blanc harnaché d'or et de velours passait comme une chanson de fête.

Nous allions avec les cavaliers. Les housses de parade ondoyaient sur la croupe impatiente des chevaux.

Les chioukh, dont les bernous habillaient de cramoisi les mules fauves, fermaient le cortège qui coulait au long des pentes abruptes, tel un fleuve de gloire et de féerie.

Ah ! *Mechounèche* de jadis, « petite vallée remplie de palmiers, de jardins bien cultivés et de maisons en pierres », les gens de tes onze villages sont encore dans les vergers et sur les mamelons, mais avec des clameurs de joie !

Ah ! Mechounech, oasis longue et profuse, étreinte par le bras robuste et nombreux des contreforts stériles et beaux ! Mechounech d'aujourd'hui aux subtiles différences.

Par deux fois, la théorie bondissante de cavaliers s'éclaboussa d'eau limpide dans les gués de la rivière.

Fraîcheur, émerveillement, jardins révélés d'un sauvage paradis ! Voici la forêt des palmiers, austère et sereine, temple végétal aux colonnades sans fin. Les troncs de l'arbre béni projettent leurs fûts réguliers d'un seul élan vigoureux et calme. L'oued El-Abiod laisse glisser largement la fluide écharpe de son cours sur un lit de sable et de galets bleuâtres. Des draperies rouges et noires fleurissent l'ombre verte de la forêt. Tout est réel de ce qui semble le décor d'un songe.

Odeur de poudre dans le soleil, vivifiant vacarme

des armes et des clameurs humaines! Le hurlement d'allégresse des femmes stride et hulule sur les terrasses. Fête médiévale et sarrasine, dont les pans de roches hautes renvoient et centuplent les échos!

Sur l'un des mamelons historiques, au pied de l'escarpement où se hérissent les ruines des greniers publics détruits par nos boulets, ébranlés encore par une mitraille de réjouissance, un abri de palmes se dressait pour les hôtes d'un jour que nous étions.

Les cavaliers firent cercle. Sous la dardante clarté, devant cet aréopage de goumiers et de Chaouïas au visage de pierre où les yeux sont comme de flammes au fond des cavernes, un représentant de la France parla un beau langage énergique et spontané. Il disait la chaleureuse estime qui environnait la famille musulmane dont les destinées s'étaient soumises au conquérant fraternel. Il citait des faits de guerre sur les champs de bataille marocains, des traits de beau caractère, des mots héroïques, l'expressive distinction du fidèle attachement à la nation généreuse et tutrice.

Et le chef de famille répondait dans cet admirable parler arabe dont son érudition savait utiliser le nombre et la souplesse.

Mais la parole fut encore à la poudre. Puis, dans un silence plein de soleil et de fumée, quelqu'un agrafa au bernous de l'aîné des fils des Chenouf la plaque de grand officier de la Légion d'honneur, au cou du second la cravate de commandeur du même ordre, au kaftan du troisième la croix de chevalier.

Il nous sembla, sur la vieille face inchangée de la terre rocailleuse, voir se profiler l'ombre du geste de cet Henri d'Orléans donnant l'aman aux Oulad-Zïan et aux Beni-Ahmed.

D'autres paroles s'échangeaient : affirmations de loyalisme, expression sage du devoir d'être obéissant à ce que le destin des races écrit sur les tablettes des temps à venir.

La cavalerie prestigieuse nous escorte jusqu'à mi-route sur le plus âpre sentier du retour.

Si nous revenons en arrière, retrouverons-nous la rivière de perle, l'oasis d'émeraude entre les montagnes d'or et d'argent?

Ce dernier cheval, envolé dans un galop de rêve, n'est-il pas le mirage de cette journée finie...

22 mars 1915.

Nous sommes revenus.

Dans la douceur de ce retour, nous portons le poids de la douleur sacrée et de la divine espérance.

Et parce que ce nouveau printemps saigne de toute la guerre lointaine, nous retrouvons plus violemment les souvenirs de bataille de cet âpre et précieux pays que nous revoyons avec amour.

Ils sont calmes les gens des onze villages. Les bavardages des ksour sahariens, les mots séditieux des cafés maures n'atteignent pas jusqu'ici. Des dromadaires chargés de paille descendent le sentier des falaises rouges. Des chèvres escaladent les flancs vertigineux du Ras-el-Akba. Un parfum violent, amer et sensuel, ensorcelle la vallée de la rivière fleurie de jaune. Des floraisons de pommiers et de pêchers étoilent et encensent le temple végétal de la forêt magnifique. Des enfants vêtus de pourpre et de bleu sombre, posés sur la berge des jardins et parmi les touffes de lauriers-roses, semblent des fruits merveilleux tombés des palmes réclinées.

Nous dormirons sur la terrasse croulante, où une femme vient d'apparaître avec le geste d'amour de ses bras étendus, cerclés d'argent.

Nous marcherons près de ce jeune noir, fils d'esclave, qui porte un front de roi victorieux sous la blancheur de son turban.

Sur la place, bossue comme leur échine, les dromadaires, oublieux de la provende d'orge des années d'abondance, mâchent lentement les tiges brûlées du « kedad » épineux, ressource des années de misère. Les chameliers baignent dans la seguïa étroite leurs mains trouées par les dards de la plante qui se défendit.

Pieds nus, nous remontons le courant de l'oued El-Abiod, dès le seuil des gorges fantastiques. Une source romaine pleure ou chante sous des capillaires, avec les murmures immortels du mythe de Pan et les soupirs de Polymnie. — Nous l'écou-

tons, toi, mon compagnon, pour la volupté délicate qu'elle ajoute au balancement de ces couples
de palmiers jaillis des roches, et vous, nos amis
charmants, pour ce qu'elle vous fait oublier des
visions désespérées du petit pays fidèle dont vous
êtes momentanément bannis par l'envahisseur
épouvantable.

La montagne se dresse et s'étend sans solution
de continuité. Mais au-delà des blocs gigantesques,
polis par le ruissellement du flot, voici la fissure,
œuvre des eaux volontaires.

En quel temps de force inouïe la rivière a-t-elle
éventré les montagnes, ces montagnes altières, formidables, qui déchirent le ciel de leurs sommets?
Elle les a crevées et traversées comme un glaive
traverse une poitrine. Elle les a coupées comme
une lame affilée. Elle ne les a pas lentement ron-
gées, — les parois sont unies, lisses et dures, elle
les a partagées en une fois, d'un seul coup, définitivement, et, à travers la blessure étroite et profonde, elle coule à jamais.

Haut, très haut vers l'azur, si haut que les deux
bords des lèvres de la blessure paraissent se rejoindre, des touffes de câprier sauvage frémissent
au souffle du soir.

Il fait nuit sur l'eau profonde. Nos voix susci-
tent des battements d'ailes et troublent le repos
des pigeons confiants en la retraite sûre de l'humide défilé. Nous fixons la crête inaccessible.
Un croissant de lune se profile dans la fente li-

néaire et se retrouve curieusement dans un miroir liquide au sein ténébreux des entrailles de la terre. Serait-il impossible que la montagne se refermât ?...

Nous n'apercevons plus le ciel, maintenant. Une hauteur d'ombre insondable est sur nos têtes. Nous suivons le chemin d'eau courante et tiède, l'eau toute puissante qui, derrière nous, impolluée, transparente, va d'un glissement perpétuel.

— Revenez, dit un homme de Mechounech. La rivière ne permet pas d'aller plus avant.

Plus loin, les parois lisses et sèches brillent davantage et le reflet des eaux luit comme un défi...

Le chemin des chèvres permettait seul d'atteindre cette orgueilleuse « joue rose » de l'Ahmar-Khaddou, mont visible du plus profond désert et que les caravanes chantent.

Des mulets adroits et agiles tels les troupeaux aux pieds fourchus, de fins mulets porteurs de richesses nomades et dont le poitrail saignait coupé par les cordes de laine tendues sous la charge au long de l'âpre montée nous dépassaient. Un montagnard descendait du poste optique désaffecté avec d'épaisses nattes d'alfa qu'il allait vendre à Mechkal. Des sandales, tressées par les mêmes doigts rudes, jalonnaient le passage des Chaouïas taciturnes.

Et tout à coup, nous dominions le Sahara sans limites, nous comptions les rides bleues qui sont des oasis vivantes, les plaques étincelantes comme du métal en fusion qui sont des dunes, un serpent sinuant entre les terres roses, un oued gonflé par une crue.

Notre esprit orgueilleux cingla vers l'étendue magnifique, notre bien sauvage et précieux, pays sans frontière de nos désirs réalisés, royaume de notre vie audacieuse et large.

Au tournant des dernières roches croulant sur Mechounech...

Le présent et le passé sont sous nos yeux. L'oasis offre son front ridé et son jeune sourire à notre méditation. On peut lire toute son histoire comme sur un feuillet de manuscrit ancien où l'amoureux calam d'un taleb a refait des lettres et des phrases avec l'encre verte et rouge, fraîche, qui séduit les yeux.

Deux maisons de pierres, isolées, murées, dont le regard des aigles seul pénètre la cour intérieure ; c'est ce qui demeure du plus vieux des villages détruits jadis pour de justes représailles.

Un angle de muraille rousse, une ceinture de blocs sans équilibre, un ruissellement de débris sur le chemin ; c'est ce qui reste des greniers abondants où les femmes en tuniques rouges renfermaient les fruits des vergers, où les hommes au manteau rayé, à la tête rasée et nue, apportaient le froment des vallées hautes et recevaient les dattes des oasis.

Une boursouflure de terre fauve ; c'est ce qui

persiste du logis de ce merabet fanatique prêchant la guerre sainte aux montagnards avides de luttes et jaloux de leur libre solitude.

Deux colonnes de toub, un faisceau de palmes sèches ; c'est ce qui marque encore l'emplacement de l'abri provisoire criblé de soleil, entouré par les cavaliers en liesse, le jour où furent échangées, — y a-t-il une année déjà ! — des paroles de paix et de fierté récompensée. De ceux qui parlèrent, l'un est tombé sous les balles allemandes et quelques autres, sous le ciel des Flandres, harcèlent le lourd ennemi.

Les fumées des onze villages traînent sur la glorieuse et paisible palmeraie. Du minaret primitif et aigu de *Blida*, — dont les maisons anciennes reçoivent sur leurs terrasses les dernières pierres des forts ruinés, -- l'appel à la prière invite les gens de *Mechkal*, de *Zemmora* l'éloignée, de *Zougaria*, de *Guernabès*, de *Mïouri*, de *Bou-Haba*, de *M'richi*, d'*El Gherara*, de *Remmel* et de *Mechounech* la capitale des jardins.

Et les gens des onze villages prieront avec l'indifférence de ceux de la montagne, la lenteur de ceux du désert, l'oubli du temps de ceux de l'Islam.

CE SOIR ET LE LENDEMAIN

Mai, 1915.

Pour toi...

J'en jure par tes jours, il n'est ni devin ni augure auquel
les combinaisons des cailloux ou le vol des oiseaux révèlent
ce que Dieu doit faire un jour.

(Poëme de Lébid.)

Ne dis jamais : — « La gloire de mon père ou de mon fils
me suffit », — car la valeur de l'homme est celle qu'il ac-
quiert lui-même par ses œuvres.

(Lamiat d'Ibn-el-Ouardi.)

Mon âme ardente et fière ne m'a jamais conduit à une
aiguade où j'aurais pu ternir ma bonne renommée.

(Makamat de San'a.)

Ce savant, notre Taleb le plus lettré, a le geste
précis et mesuré.

Sa sagesse a borné ses ambitions et lui fait vivre
des jours agréablement longs, simplement heureux
dans la méditation et la bonté.

Il s'est donné le rôle d'éducateur près des enfants
espiègles et doux dont l'esprit est lent à saisir autre
chose que des contes faciles.

Nous aimons son visage et sa pensée d'ancêtre
indulgent.

Quand les enfants ont achevé de lire les hadiths
sur leur planchette peinte, après qu'une infime
parcelle de science koranique les a pénétrés d'or
gueil et de sécurité, le Taleb conte :

— Près de la première *guemira* [1], qui indique
la direction à suivre dans les dunes pour atteindre

1. Bloc de maçonnerie avec un mât.

El-Oued, habite un dragon. C'est le fruit d'une malédiction divine. Il s'appelle El-Anka. Sa tête est celle du lion ; les cornes du taureau surmontent son front de pierre ; des moustaches d'homme couvrent sa lèvre pendante ; son corps est disgracieux tel celui de la tortue ; il a une queue de serpent et des ailes de cigogne. Prenez garde de le rencontrer ! Il vous perdrait dans le sable.

Il dit encore :

— Voyez l'épervier appelé « theïr bou djerada » — l'oiseau père des sauterelles, — qui plane tout le jour au-dessus des choses de la terre. Il dédaigne toute nourriture jusqu'au coucher du soleil. Alors, il cesse de se balancer et d'être le maître de sa faim. La nuit vient. Il est inquiet de sa vanité qui dure. Il ne distingue plus de proie. Son dédain tombe comme une mauvaise datte. Le regard de ses yeux ronds et luisants fait le tour de l'horizon, constate le vide et la solitude. Soudain, l'oiseau puissant se laisse choir dans un champ où ne veillent plus que des sauterelles. Il mange sans plaisir, uniquement pour avoir encore la force d'ouvrir ses ailes. Considérez sa sottise, ô les enfants !

Les grands événements de ce temps effleurent à peine ce sage ; aucun ne le trouble. Les réflexes musulmans seuls l'atteignent et encore n'en retient-il que sérénité.

Il a lu toutes les adresses des chefs religieux nord-africains concernant la guerre. Sa mémoire en a retenu des strophes qu'il nous psalmodie au soleil couchant.

Et cela filtre à travers nos âmes comme à travers les jardins vivants et graves. Et cela apaise notre torturante fièvre d'impatience d'être en ce moment trop loin de l'action effective, de souhaiter dans une mortelle attente, de ne pas nous résigner au devoir tranquille qui nous est assigné et d'où nous ne pouvons nous évader encore, ô libre Taleb !

Ne pensons plus...

— Aux balances des Justes, la patience a le même poids que la bravoure, dit le sage. — Il poursuit, la voix caressée au passage par sa barbe blanche ; il psalmodie :

« ... L'Allemagne est l'ennemie de l'Islam depuis le sultan Moudjir-ed-Din, qui assiégea la ville de Damas au vi^e siècle de l'Hégire...

« Veillez au maintien de la paix ; obéissez et soumettez-vous aux instructions qui vous sont transmises ; évitez le désordre ; seul le « manichéen » goûtera l'amertume réservée au fauteur de trouble.

« Que Dieu fortifie la puissance de la France.

« Qu'il raffermisse sa force, lui asservisse la victoire, lui donne l'audace dans l'attaque, fasse que son drapeau étende de plus en plus son égide triomphale, guide la main qui tient son glaive sur le cou de son ennemi, la rende, pour la protection de notre religion, un ferme appui, une citadelle imprenable !

« Qu'il fasse qu'elle élargisse sa souveraineté sur

toute contrée qu'elle foule, qu'elle anéantisse l'adversaire mal intentionné, que le triomphe la précède, que la puissance soit son esclave.....

« Il arrivera ce qui est écrit et la victoire est écrite ! »

Il ajoutait :

— A quoi sert le tourment ? Remplis ta journée. Il faut des ouvriers là, et ailleurs, et ici ; car l'œuvre est partout ; partout la mort frappe ou épargne. Porte ta destinée et marche. La route te mène...

Ah ! les beaux soirs, malgré la douleur! les beaux soirs de contemplation éternisée au bord de l'abîme où se convulsait l'hydre de la guerre ! soirs de quiétude malgré l'angoisse poignant notre cœur qui restait d'une autre race ! soirs de fatalisme réparateur !...

Et le Taleb murmurait encore une sourate qui s'affirmait en consolation :

« La création du ciel et de la terre, la vicissitude des nuits et des jours offrent aux yeux du sage des signes de la puissance de Dieu.

« Ceux qui, debout, assis, couchés, pensent à Dieu et méditent sur la création de l'univers s'écrient : « Il n'a point formé en vain ces ouvrages ! »

— Considérons notre faible labeur près de l'effort du monde et reconnaissons que nous sommes des privilégiés du repos.

Hélas ! ô Taleb, c'est ce dont nous souffrons aujourd'hui !

Mais cela est hors de ce qu'il aime ou comprend

et voici qu'il nous devient subitement étranger.

Oui, Taleb, ô cher vieil homme savant, sagesse humaine de l'oasis, me voici seule.

Cela t'émeut et te déconcerte.

Ne cherche pas mon compagnon de toutes les heures. Il n'est plus ici. Selon sa volonté et la mienne, je l'ai donné au devoir plus ardent, plus sonore et plus meurtrier.

Je l'ai donné...

Il ne faut rien ajouter, ô Taleb.

Je reprends ma place accoutumée sur ta terrasse, celle où, les soirs, tandis que s'épandait ta philosophie simple, je rêvais aux chers éloignés qui sont la hantise de mon cœur. Alors, mon esprit cinglait vers l'au delà des montagnes ; maintenant, il voyage au-delà de la mer et jette son angoisse et sa foi à la face de l'ennemi.

Dans l'oued, une caravane tardive remonte encore. Elle sinue parmi les bancs de galets et les étroites plages de sable.

Je me souviens de l'autre saison, quand les caravanes redescendaient vers le désert. Mon âme flottait légère dans la cadence du pas des dromadaires, à la rencontre lente et familière du mirage.

— Pourquoi *a-t-il* voulu partir ?...

Ah ! Taleb, toute ta science et ta méditation n'ont pas compris cela !

Je me souviens de l'autre saison...

Nous allions par des chemins d'ombre et de lumière prodigieuses.

L'atmosphère elle-même et tout ce qu'elle portait en suspens de l'âme des choses exagéraient l'exaltation du plaisir.

L'eau des seguïat courait sur des espaces nus sans rassasier la soif de la terre. Les Nomades labouraient avec l'araire primitive. Derrière eux, sur un orbe de ciel, les femmes multipliaient le geste large et beau de la semeuse.

Des espaces précédemment ensemencés étaient déjà comme des lacs verts dans l'or pâle des terres vierges. L'orge et le blé naissants mettaient dans l'oasis un parfum nouveau. L'air se chargeait de la senteur prenante des fleurs de gommiers et de cassies, ce « bân » délicieux des conteurs arabes; — fleurs, minuscules cassolettes évaporant pour le répandre le divin printemps d'automne du désert!

Que la France était lointaine! Et les charrues aux socs luisants, et les paysannes sans souplesse, les horizons lourds, les feuilles d'automne, les paysages mouillés !

Taleb, as-tu jamais oublié ta mère ?

Cependant, depuis combien d'années tes jours s'accomplissent-ils doucement dans l'absence des gestes maternels et sans que tu éprouves la privation de ces gestes?

Mais voici, loin, — si loin de toi que tu pourrais

facilement l'ignorer en somme, — quelqu'un s'est levé, visage de malédiction ! Il a insulté celle dont tu pourrais ne plus te souvenir si la tradition de toute la chair et de tout l'esprit des hommes ne t'attachait pour l'éternité à cette génératrice qui t'a donné ce trésor : la vie.

Tu te lèves à ton tour.

Tu pars.

Qu'importe la leçon des enfants abandonnés, et ta maison ouverte sur le chemin, et la paix que tu vas perdre le long des routes hasardeuses, et si tu reviendras et ce que tu trouveras à ton retour ! Il n'y a plus rien sinon ta sainte et filiale colère...

Va, comme les autres fils de l'offensée. Va, pour défendre et pour châtier.

Taleb, ô vieux visage de sérénité, pourquoi pleures-tu ?...

— J'ai compris.

Et puis, vois-tu, ô notre ami des beaux soirs islamiques, nous n'avions pas le droit de rester trop heureux.

Notre amour et notre fierté avaient aussi besoin de leur part de souffrance et de gloire.

LES ENGAGÉS

A Marius-Ary Leblond.

Je demande un combat où chacun puisse mourir avec sa chair.

Que je reçoive sept balles dans mon bernous,
Sept balles dans mon cheval,
Et que j'en place sept dans le corps de mon rival !

A la nage, les jeunes gens, à la nage !
Les balles ne tuent pas
Il n'y a que la destinée qui tue.

Dehors les étrangers, dehors !

(*Chant de guerre des Oulad-Yakoub.*)

Où est-il ?
Son cheval est venu, lui n'est pas venu.
Son fusil est venu, lui n'est pas venu.
Son sabre est venu, lui n'est pas venu.
Ses éperons sont venus, lui n'est pas venu.

On dit qu'il est mort dans son jour,
Frappé droit au cœur.
On dit qu'il est mort dans son jour...

(*Chant de deuil des Neddabât.*)

L'INCONNUE

C'était au moment des engagements volontaires.

Des muletiers se dirigeaient vers leurs montagnes par un sentier sinuant dans le lit de l'oued Biskra.

Cet oued ressemblait à un désert de pierres roulées, mais une vie imprévue habitait ses méandres.

Il recélait des terres étroites, des réductions de torrents et de rivières transparentes où les adolescents prenaient des barbeaux dans de grands filets malhabiles. Il avait des lacs minuscules où des femmes pudibondes et hardies lavaient des voiles blancs. Il avait des savanes de diss et de roseaux, des forêts de tamaris et de lauriers-roses, un maquis de guettaf aux touffes grises et bleues, des chemins de sable, une oasis peuplée de bergers, un tendre jardin de pêchers et de jasmins, une prairie avec un troupeau de vaches noires.

Une négresse métisse du Sahara suivait les muletiers.

Jeune et robuste avec des yeux sans reflets, un masque taillé dans la pierre noire du Hoggar, son expression était toute de mutisme, de défiance et d'obstination. Ses pieds durs et beaux marquaient le sol d'un rythme égal à celui du pas des mulets.

Ses compagnons de route savaient seulement qu'elle appartenait à la tribu des Larbaà du Sud-extrème.

Cette femme enfanta trois fils dont, hier, elle citait orgueilleusement les noms : Dif-Allah, Kheir-Allah, Moktar. Un jour, bondissant hors de la tente et du sable, ils étaient partis jetant comme adieu une phrase qu'elle ne comprit pas. Avec d'autres hommes jeunes, ils avaient disparu par la piste des caravanes allant vers le Tell.

Elle pria des caravaniers de la laisser marcher sur leurs traces. Elle voulait retrouver ses fils.

A Biskra, on lui dit que le dernier convoi d'engagés pour la guerre comptait trois géants noirs et magnifiques. Elle les reconnut et suivit les muletiers pour franchir les montagnes vers le Nord où le train fuyait.

Femelle sauvage, elle ne pensait à rien sinon à rejoindre ses trois lionceaux, Moktar, Dif-Allah, Kheir-Allah. Elle n'entendait plus pleurer ses autres petits, dont l'un marchait à peine, tandis que le dernier-né restait pendu à la mamelle nourricière.

Les muletiers toléraient sa présence. Ils s'en servaient pendant les haltes.

Elle ignorait où elle allait et depuis combien de jours elle était en marche.

LE « COLONEL »

Quel vaste et blanc clair de lune !

Un vent de montagne, presque froid, souffle haut sur le désert.

Des ombres humaines, en grisailles dans l'éloignement, passent par les chemins. Elles passent avec la chanson d'une voix gémissante sans douleur qui reprend, après des pauses brèves, des refrains inachevés pour éloigner les « djenoun » qui peuvent être de mauvais génies.

Les jardins bruissent, moins de leurs palmes que des légers feuillages du sous-bois.

Des escadrons de palmiers en lisière sont hardiment et harmonieusement ordonnés, aussi immobiles que si nul souffle n'émouvait le désert.

Quel vaste et blanc clair de lune !

Un champ ensemencé luit de tous les rubans moirés des seguïat qui l'irriguent. Sur ce champ, ce sang de la terre ruisselle en blancheur, comme ruisselle en blancheur de lune la face du ciel merveilleux.

Quelle sérénité

Où sont les batailles ? Les plaines rouges où

sont-elles, — les plaines encombrées d'hommes que l'on pleure et qui ne reviendront jamais ? Et les ombres titubant vers la mort, et les gémissements, et les voix d'agonie ?...

Les jardins bruissent du léger feuillage des sous-bois. Une voix reprend des refrains inachevés pour éloigner les « djenoun »...

Sa large culotte couleur de terre lacérée par les assauts des chiens et des gamins de la rue, sa chemise ouverte livrant au hâle du jour et aux baisers de lune sa dure poitrine de métis et d'enfant trouvé vivant quand même, un fond de chéchïa coiffant ses cheveux crépus, le « colonel » va vers le champ de bataille, — le champ de manœuvre pour commencer.

Sur le même chemin, se dirigeant vers le même but, voici son émule et parfois son rival, Ahmed de Lichana.

Ahmed : — douze ans, petit, trapu, robuste, la face plate, les yeux pétillants de compréhension spontanée.

Nous l'avions rencontré un soir au crépuscule. Il avait faim et riait des exigences de son ventre. Il était suffisamment vêtu pour, sans le savoir, utiliser en attitudes artistes les lambeaux d'une immémoriale chemise.

Un prêtre de Lichana était son père. Il avait fui sa maison avec des engagés et restait à Biskra.

— Pourquoi quitter ta famille ?

— J'avais un chat et mon père avait une femme
qui n'était pas ma mère. Le chat m'aimait. Cette
femme l'a noyé dans le puits. Je ne pouvais pas
tuer la femme de mon père. Alors, je suis parti.

— Que fais-tu ?

— Rien ; mais bientôt je ferai du commerce avec
les gens du souk. Je peux aussi vendre la « baraka »,
— le pouvoir de bénir, — puisque je suis fils de
marabout.

Ahmed fut d'abord cireur, puis commissionnaire
et crieur de journaux.

A une chaise, il préférait la bonne terre et l'uniforme d'Adam à tout autre. Son esprit et son corps
se développaient sans entraves. Un jour, il circula
avec un seroual de satin et une veste soutachée. Il
avait découvert sa voie, renouvelée de l'antique,
dans le Didascalion des Naïliat.

Les deux gamins s'arrêtent, distraits.

Sous les ampoules électriques d'un grand caravansérail pour hiverneurs, fermé, les enfants mâles
du Village-Nègre, — ce refuge des Soudanais
esclaves affranchis, — tiennent une assemblée.

Ils sont assis en cercle à la manière de leurs
aïeux dans les palabres d'autrefois. Au milieu du
cercle, une paire de babouches, — les plus grandes
et les plus usées. Chacun à son tour lance les deux
babouches. Si elles retombent du même côté, le
joueur est déclaré « sultan ». Si l'une est semelle
et l'autre pompon, l'assemblée prononce un châti-

ment contre le maladroit. On voit un pied calleux aux orteils écartés se tendre au bout d'une jambe sèche et noire. Sur cette extrémité insensible, tant elle affronta la terre et les cailloux, un exécuteur, à l'aide des babouches, applique violemment dix ou quinze coups comptés en anglais jusqu'à dix. Le condamné doit rester stoïque.

Cela fait on recommence.

Les bouches qui rient sur les dents blanches éclairent les sombres et ronds visages.

Parfois une tête crêpue se détourne. Deux yeux fixent la porte close du grand caravansérail vide, la porte qui livrait passage aux élégances généreuses et désœuvrées autour desquelles les petits étaient comme un vol de guêpes malignes et butinantes.

Que de gros sous, que de pièces blanches !

Le petit Soudanais crache contre la porte.

— Sale guerre, va !

Le «colonel» et Ahmed de Lichana poursuivent leur route.

Séparés en deux pelotons, les pieds nus, cireurs, commissionnaires, officieux pittoresques et acharnés de « l'hiver au soleil », sauterelles humaines de la vie des villes au Sahara, les voici qui font l'exercice sur le champ de manœuvre plein de lune.

Les commandements alternent le sabir, l'arabe et le français vulgaire.

— Halte ! « Hallouf ! » Pourquoi tu marches quand je dis halte ?

— *En afant ! Pas gymnastèque !*

— Toi, quand je dis : *marche li droite, toujours ti marche li zôtres côtés.*

— Repos !

Et comme l'immobilité du groupe enfantin demeure impossible, la voix indignée enfle l'injure :

— Vous savez donc pas faire repos ?

Il y a la masse des prisonniers. Si l'un d'eux cherche à s'évader, on le lapide avec cette conviction cruelle et implacable que les enfants apportent au jeu simulant la vie.

Parfois, un grondement de fureur :

— Toi, je crois *je va te fusilli, parce que trop michant !*

Le régiment des médaillés : ils sont cinq. Le petit Deîna y montre sa figure chafouine sous une calotte de tricot et sa chemise de bazar qui lui fournit une bannière de flanelle coton.

Il est dix heures du soir.

Ils ont passé leur journée à tailler dans du carton des croix de la Légion d'honneur et à redresser des cercles de barriques volés pour en faire des sabres dont le cliquetis les enchante. La poignée est de fil de fer tordu, la dragonne un mouchoir ou un lambeau de vêtement.

— Moi je suis sergentt, affirme un ambitieux.

— *Ci pas vré !* Maudite soit ta religion !

— Le « colonel » sait bien.

Et le « colonel » commande :

— Vous sortir les sabres !

Et tous de hurler :

— Vive la France ! (Cela dans un bruit de vieille ferraille.)

— *Mintenant vous pôvez rentre* les **sabres**.

Mais un groupe s'isole.

Pourquoi ?

Ils sont trop petits !...

— Le « colonel » nous a dit : « Jouez seuls. » Et, après, il dit « vous êtes pas bons », pour nous donner des coups. Maudit soit le chrétien !

C'est un croyant !

— Maudit le ventre de sa mère !

Il y a eu un coup de sabre, une main coupée, des cris, des larmes et le mot de la fin aux sons d'une musique pleurarde qui se fait entendre :

—M...! Moi, je vais au cinéma. C'est commencé, mes petits frères, c'est commencé !

Ahmed de Lichana galope vers la ville.

Deux télégrammes copiés à la machine, posés en affiches, annoncent ceci, — sur les murs brûlants de soleil où l'ombre fine des palmes met un geste bleu :

« Les indigènes de dix-sept à vingt ans qui s'engageront comme fantassins pour la durée de la guerre toucheront une prime de cent francs.

« Ceux qui se présenteront comme goumiers toucheront cinq cents francs. En cas de mort du cheval, la monture sera remplacée,.., etc.... »

Mais le « colonel » s'arrête à la première affiche.

Cent francs !...

Posséder, — pour rien presque, — la valeur de vingt nuits d'amour, de combien de bouteilles de boissons qui donnent l'ivresse, d'un costume brodé, de quatre ou cinq bernous, d'un dromadaire, d'un fusil !... Tout cela !... Pour rien presque, pour une peau solide dont la destinée seule se soucie !

Les passants arabes se serrent autour de l'affiche.

Quelque lettré à double visage stationne, le profil indifférent. Sous la paupière discrète, son œil se rive au papier officiel.

Il s'éloigne plus nonchalant qu'il ne s'est approché, — et le « colonel » de quinze ans le suit, quêtant un avis de cet esprit plus sagace que le sien.

— Qui partira, même goumier, même pour cinq cents francs ? dit doucement le lettré. Les dattes commencent à mûrir. Ce ne sont pas les femmes qui feront la récolte. Cette nouvelle ne vaut que pour les vagabonds sans jardins et sans village, pour les errants « smaïlis » dont les tentes ne sont jamais fixées toute une saison au même sol.

Le « colonel » pense qu'il est un de ceux-là.

Un « haschichi », usé dans l'ivresse des fumées du kif et dont la vieille épouse avisée et le « khammès » ont toujours pourvu au soin des palmiers d'héritage, — articule que la prime offerte est une somme de fête et que les filles et les femmes sauront bien cueillir les dattes nécessaires à leur faim ou en échanger contre des bijoux.

— Et celles qui ne doivent pas sortir, même dans un jardin? questionne le lettré.

— Elles sortiront quand tous les hommes seront partis.

Le « colonel » se met à rire. Son imagination spontanée lui représente des palmeraies pleines des draperies colorées de femmes actives comme d'un vol de papillons. Des jambes dorées escaladent les troncs vertigineux des palmiers « ghars », des cuisses charmantes étreignent le stipe élancé des « deglat-en-nour », des voiles, des tresses et des anneaux d'oreilles s'accrochent aux fines épines des « arechtis ». Des vierges maladroites ou lasses tombent sur le sol parmi les régimes, — tombent, mûres pour l'amour absent comme les dattes mûres pour les lèvres absentes.

Et le « colonel » ne désire plus s'engager.

Mais pour avoir trop énergiquement appuyé du sabre les commandements à sa troupe improvisée, il fut pris par un garde de nuit et mis en prison.

On le condamna au balayage des rues de la ville que poudrait le sable du désert.

Là, il connut l'obsession du vacarme des musi_ ques arabes qui circulaient sans répit. Elles s'ac- compagnaient des haillons et de l'enthousiasme d'adolescents, sans subsistance et sans foyer, qui

préféraient l'engagement à la faim. L'appât de la
prime, la perspective de pays inconnus, les discours
retors des sergents recruteurs avaient achevé de
les convaincre. Ils portaient des drapeaux tricolo-
res et criaient : « Vive la France ! » ou quelque
chose d'à peu près. Ils s'exaltaient du prestige de
l'argent touché, des alcools bus avec les prostituées, de tout ce qui leur avait coûté le prix de leur
sang. Ils s'enivraient encore du plaisir promis d'a-
voir à tuer des hommes, — de ces hiverneurs tudes-
ques peut-être, dont, en guides complaisants, ils
avaient servi les vices et les lourdes fantaisies.

Le retentissement familier des sauvages et inlas-
sables musiques prenait aux entrailles le « colonel » prisonnier.

Il jeta son balai, échappa à la poursuite de son
gardien bénévole et se confondit avec les autres.

Pour être plus sûr de devenir soldat, il désira se
ménager les faveurs du major qui examinait les
engagés. A un élève de l'école franco-indigène il
dicta une lettre que ses acolytes déclarèrent irrésistible :

« Le 21 septembre 1914.

« Mon médecin,
« J'ai l'honneur de vous saluer en vous présen-
tant ma lettre.
« Mon médecin,
« Je suis celui qui veut se « gager » avec les
autres bons garçons.

« Mon médecin,

« Je viens pour vous trouver. Je voudrais déjà être fini. Je voudrais déjà leur avoir mangé la figure, — aux Allemands ! — Et ensuite, je voudrais un bon sergent.

« Mon médecin,

« Je vous fais savoir que je donnerai cinquante francs pour payer à boire pour mes amis et pour le sergent, et que je laisserai ici cinquante francs chez la dame que je connais pour boire à ma santé quand il y a la victoire.

« Mon médecin,

« Je suis orphelin. Je désire me « gager » surtout pour la durée de la guerre.

« Mon médecin,

« Je veux aider la France.

« Et c'est moi le colonel des cireurs. »

Le succès de cette lettre rassura l'enfant trouvé du sable que la jeunesse rendait parfois timide.

Il était si trapu, solide et bien portant qu'il fut accepté.

Il sortit de la caserne un peu titubant et ahuri de son nouveau destin.

Un vieux, qui avait été tirailleur en 1870, se souvenait de bonnes soupes alsaciennes et voulait reprendre du service, vitupérait à la porte, furieux du refus opposé à sa bonne volonté caduque.

— O les enfants ! O les plus petits à peine descendus du dos des femmes ! Considérez ce que vous êtes près de moi ! Vous partez vite, vous reviendrez plus vite encore. La guerre n'est pas une musique et vos années sont insuffisantes pour avoir mis vos cœurs à l'abri. Vous aurez peur, ô les plus petits ! Vous aurez peur et moi je l'aurai dit !

Quand un gradé passait, il s'interrompait pour rectifier la position de ses jambes débiles et faire un salut militaire. Puis sa voix éclatait de nouveau.

Le « colonel » ne l'entendait pas.

Il était déjà le tirailleur anonyme, sans patrie réelle comme sans famille, effleuré de formules et de gestes, secoué d'impulsions, bientôt pénétré de consignes qui lui tiendraient lieu de sentiments.

Sans doute aimerait-il passionnément un de ses chefs, pour la bravoure, ou la logique, ou la fermeté.

Il se battrait contre n'importe qui pour le plaisir de se battre. Il tuerait pour l'ancestrale et atavique volupté du meurtre.

Il serait féroce et peut-être magnifique.

Il deviendrait une manière de héros.

LE GOUMIER

Des étrangères avaient aimé sa vigueur et sa bonne grâce.

Lui, avec la nombreuse aventure, s'était pris à chérir l'absinthe.

La guerre lui fut comme un coup de lanière au flanc d'un cheval couché.

Spontanément, il remit à un de ses parents tous ses droits sur son patrimoine, conduisit sa femme dans un gynécée familial et se présenta avec sa monture.

Il était riche, mais la prime touchée l'enthousiasma.

En prenant congé de ses amis, il déclara que rien ne l'obligeait à mourir et qu'après les événements il pourrait fournir assez de titres pour être nommé caïd.

Les gens curieux se pressaient autour de lui comme les mouches sur la bouche sucrée d'un nourrisson.

Il parlait, brun, crâne et superbe :

— Je suis content ! Au Maroc, il n'y avait que des Chaouias ; là bas, il y a les enfants d'Iblis !

Des mois après le départ, sa première lettre fut adressée à ses voisins.

« Vous êtes témoins, — leur écrivait-il, — que « j'ai vendu ma récolte de dattes pour dix mille francs à mon cousin Djoudi.

« Je n'ai pas voulu recevoir la somme, mais il devait la garder en dépôt et me l'envoyer par fragments. Il s'est souvenu de cela une seule fois. Que soit noircie sa face perfide !

« Et j'ai dit à mon commandant :

— « Ce cousin doit penser que, puisque on est engagé, on est mort. Mon officier, j'ai abandonné tous mes biens pour servir, moi qui avais des serviteurs. Si la France a besoin de ma fortune, je la lui donne, mais je ne veux ni être volé par mon cousin, ni vous ennuyer en vous demandant une permission pour aller voir ce que fait cet enfant du péché.

« Il m'a répondu :

— « Vous êtes un brave et malin garçon.

« Pour punir mon cousin, je le dénoncerai en prouvant qu'il est un ami des Turcs. Vous témoignerez aussi de cela. »

Les voisins répondirent :

« Ton cousin se plaint — et nous nous plaignons avec lui, — d'être pillé par les Beni-Brahim nomades.

« Viens voir leurs tentes près de tes jardins. »
C'était vrai, un peu.

A l'orée du village, des tentes noires s'étiraient

sous les palmiers maigres. Des régimes dépouillés, dorés et pourpres en enchevêtraient les abords. Des poules et des chiens se mouvaient dans la lumière. Les étourneaux assiégeaient les arbres pour becqueter les dernières dattes. Entre l'argent des feuilles d'un olivier chenu, s'arrondissaient de grosses olives qu'un enfant s'efforçait d'atteindre.

Les femmes des Beni-Brahim, pillards et traîtres, regardaient insolemment passer les victimes des déprédations de leurs fils et de leurs époux...

« Et ensuite, ô le combattant, — écrivaient encore les voisins, — nous souffrons de notre « kebir », chef du village. Il prélève l'impôt du vol et de la complicité.

« Et c'est un homme sans foi. Quand il a été appelé par le « beylik » pour donner la liste des adolescents que devait prendre la conscription, il a caché ceux de sa famille et de ceux qui l'avaient payé cher ; il n'a livré que les noms de ses ennemis, dont quelques-uns se trouvaient avoir cent ans d'âge.

« Quel honneur pour toi de combattre avec ces jeunes cavaliers ! »

Une autre lettre du goumier vexa Djoudi le cousin, mais sans profit pour l'absent :

« O fils de l'oncle, parmi les fils de caïds, mes camarades, dois-je faire rougir ma famille à cause de ma pauvreté ?

« Dois-je me priver de ce qui rafraîchit le sang de l'homme isolé et enlève le ver de la tête ? Dois-je accepter l'aumône des gens fastueux ou préfères-tu que je m'abaisse jusqu'à emprunter au Juif et au M'zabi? Ma face est grise de tristesse à cause de toi, mon cousin.

« Je ne te sollicite pas au nom de la pitié ou de la tristesse. Elles n'émeuvent pas plus les hommes qu'un cri d'oiseau ne fait tourner la meule du moulin. Je te parle plutôt au nom de l'amour-propre et je te citerai les largesses des autres... »

Deux saisons passèrent.

La durée apaisait les échos. Avec les communiqués ressassant des formules aux insaisissables variantes, on ne suivait plus les mouvements de la guerre que comme un vol élevé d'épervier qui planait menaçant, attendant de se poser sur la proie, mais qui ne se poserait que sur une proie lointaine. Les gestes traditionnalistes et accoutumés des saisons animaient les oasis.

Les journaux proclamaient par intervalles l'héroïsme des tirailleurs indigènes. Cela flattait la vanité arabe.

Des lettres arrivèrent, dictées à quelque pioupiou français, avisé et optimiste, qui y inscrivait une chauvine allégresse. L'impression générale en était améliorée.

Il y eut une nouvelle missive du goumier, auquel l'avare Djoudi avait enfin fait un envoi.

« ... Les Français que je connais maintenant seront renommés comme savants après la guerre.

Ils ignoraient tout ce que je leur apprends.

« Quelques-uns m'ont demandé ce que je faisais « avant » :

— « J'étais richard. »

— « Et votre père ? »

— « Il était richard. »

« Ils ont eu beaucoup de respect pour moi.

« Les femmes ont pour nous tant d'admiration que vous les prendriez toutes pour des amoureuses.

« Ce sont pourtant des femmes de bien.

« Vive la France !

« Je pense que je serai bientôt caïd.

« Et le salut sur toi, fils de mon oncle, et sur nos amis, et tes voisins, et le kébir, et les Beni-Brahim. — (Quant à ceux-là, je te conseille de les prier de ne pas arracher mes palmiers, mais plutôt de te rançonner.) »

Un dernier mot, où passaient d'ataviques réminiscences de gestes de carnage anté-islamiques :

« Je vous fais savoir, au sujet des Allemands, que nous en avons tué beaucoup.

« Je reviendrai avec un collier de leurs oreilles... ! »

Et ce fut fini de lui, fini de ses ambitions suscitées par la guerre ; il tomba dans une belle journée de gloire.

Alors, son cousin épousa sa veuve et adopta son petit enfant. Il avait pris l'habitude de posséder les jardins du mort.

CELUI DU SOUF

Ils vinrent jusqu'au quartier. Ils étaient huit hommes, dont l'un à peine vieillissant. Ce fut celui-ci qui parla.

— Au temps d'autrefois j'étais spahi. Je suis resté spahi pendant quinze années. Et ensuite, le vent de la mémoire a secoué dans ma tête le sable de l'Oued-Souf.

« J'ai vu fumer les dunes de Messelini et celles qui, pareilles à un troupeau de dromadaires blonds couchés les uns près des autres, ne cessent qu'à un jour de marche de Ghadamès.

« Je les reconnaissais toutes, car elles ont un profil que les Souafa ne peuvent pas plus oublier que l'amant n'oublie le profil de l'amante. Le vent du Nord dérange parfois l'ordre de leur figure, mais le vent du Sud les refait éternellement semblables à elles-mêmes.

Et ce ne sont pas des étrangères venues de loin, de ces intruses apportées et jetées là par l'ouragan ; elles ont pris leur sable, plus doux que le poil neuf et frisé d'un chamelon, à ce sol sur lequel elles se couchent, et s'allongent, et s'enlacent, magnifiques et hautes, terrifiantes et nobles.

« Des gens m'ont parlé des tempêtes de la mer. Ils ne connaissaient pas celles de l'Erg, quand le soleil est à ce point épouvanté par la colère des dunes qu'il devient comme un *mehadjri*[1] de Touggourt !...

« J'ai laissé les spahis pour revenir au Souf où mon père avait des palmiers. J'ai connu une femme féconde. Ces hommes jeunes et forts qui m'accompagnent sont mes sept fils.

« Ensemble, tous les jours, nous avons creusé les jardins pour y ramener l'eau profonde, repousser le sable de la dune amie et ennemie, et nous défendre contre l'ensevelissement. Notre labeur fut si fidèle et si grand que nos jardins apparaissent comme au fond d'un puits et que la tête des plus hauts palmiers n'atteint pas à la crête de la dune. Et ces palmiers valent deux cents francs l'un ! Près d'eux, ceux des montagnes et ceux de l'Oued-R'hir seraient tels des roseaux sous les cèdres.

« Ma maison vaste compte cinq coupoles. Ma famille la remplit comme une ruche. J'ai aussi des tentes pour estiver avec les Troud, ces grands Nomades que le Tell ignore et qui ne connaissent que le Désert.

« Mes filles savent tous les tissages précieux.

« Mes moutons ont la plus fine laine, mes ânes sont blancs, mes dromadaires adroits.

« Mais de tout cela je ne me soucie plus ; il en

____
1. Juif converti à l'Islam.

adviendra selon la volonté d'Allah et le zèle de mes parents.

« Je ne suis pas un inconnu. Ceux de Taghzout et d'El-Oued, de Kouïnin et de Debila me connaissent. Je suis « tidjani », affilié de la zaouïa de Guémar. Là, j'ai appris tant de choses !

« Je sais toutes les histoires.

« Ecoutez, tandis que nous attendons ici.

« Au temps des Chrétiens du plus ancien Sahara, l'oued Izouf (la rivière qui murmure) coulait généreuse entre les dunes. Mais, pour se venger des Musulmans victorieux, les Chrétiens, qui étaient de grands sorciers, enfermèrent l'oued Izouf sous la terre. Nos puits l'ont retrouvé.

« Et autre chose : je sais comment Adouan, qui est notre ancêtre, eut vingt enfants pour quinze grossesses de son épouse fille du sable ! Je sais comment, jadis, nous devions la *kessoua*, impôt de haïks et de bernous, à ces Beni-Djellah, sultans de Touggourt, qui nous demandaient asile dans l'infortune et la défaite. Chaque fois que les Turcs descendirent vers nous, chancelants de soif, ce fut pour nous razzier de cinquante mille boudjous (à peu près 75.000 fr. d'aujourd'hui), et nous devions leur prêter des dromadaires pour gagner le Nord. Nous sommes les plus prodigues

« Nous sommes les plus habiles aussi. Des oiseaux peuvent se perdre dans le désert, mais un Soufi ne s'est jamais égaré. Même après tant d'années écoulées, je retrouverai la piste de Mohamed Bel Hadj, ce khalifa de l'émir Abd-el-Kader que nous avons chassé parce que sa présence portait ombrage aux Français. Il y a longtemps ! Je retrouverai la piste des notables du Souf qui allèrent demander l'aman à Biskra. Il y a plus longtemps ! Je retrouverai celle des Français venus pour nous châtier.

« En ce temps, des goums gardaient les chemins pour nous réduire par la famine et nous ne pouvions plus acheter ni vendre. Alors nous offrîmes de payer une amende, car le Souf n'avait plus de grains et le sable seul craquait sous la dent des gens et des bêtes. Mais les Français n'acceptèrent pas; à cela nous reconnûmes qu'ils n'avaient pas l'âme avide des sultans ; — et ils voulaient une paix définitive ; mais nous ne comprenions pas encore la valeur de cette chose ni que ce nous serait profitable. Allah avait rendu nos grands-pères aveugles !

« Maintenant, des goums gardent encore les chemins, — des goums et des spahis qui furent mes frères. C'est à cause de la guerre et de la mauvaise pensée des Chaâmba, qui sont nos cousins. Les Chaâmba ont cherché bien loin des pâturages. Ils reviennent de la Tripolitaine et les Turcs leur ont donné des fusils allemands. La réprobation sur les uns et sur les autres ! — Avant-hier, les Chaâmba ont attaqué la caravane d'Ouargla. Ils ont enlevé trente dromadaires et tué deux sokrars. Hier, les spahis ont crevé leurs chevaux à la poursuite des voleurs ; ils ont su les rejoindre, reprendre les dro-

madaires, saisir les fusils et tuer trois Chaâmba. —
Allah est le Rétributeur

« Et moi je suis venu.

« A cause du bruit des chevaux galopants, de
l'odeur de la poudre, du cri des hommes et du
grondement des dromadaires dans le combat, je
suis venu.

« A cause du sang trouvé sur le sable, à cause
des rouges spahis que j'ai revus dans le désert, je
suis venu avec mes sept fils.

« Nous sommes bons pour la bataille. Je n'ai
oublié ni le sabre ni le cheval. Mon pied reconnaîtra l'éperon et l'étrier. Mes fils apprendront tout
de moi.

« Nous savons aussi que la France sera victorieuse... »

Quand il eut ainsi longtemps parlé à ceux qui
encombraient la cour de la caserne, l'homme du
Souf s'accroupit contre le mur au soleil.

Son visage exprimait la fierté et la certitude. Ses
fils se pressaient autour de lui comme les beaux
rejetons du plus vigoureux palmier.

Depuis, dans l'escadron aux bernous rouges,
nous l'avons vu galoper avec ces sept cavaliers qui
lui ressemblent.

PAROLES PRÈS DES MORTS

« Elles sont deux, vieilles parmi les vieilles, et qui savent tout ; — car le vent, les murs de la maison, les piquets de la tente, les chèvres et les mouches sont complices des vieilles femmes pour leur redire ce que, par aventure, elles auraient pu ne voir ni entendre elles-mêmes. »

Elles sont deux, accroupies contre la haie de clôture d'un champ.

Proche, est une maisonnette carrée couverte de tuiles roses, entre une allée de palmiers et les chaumes du champ.

Le menton dans la main ou la main sur les yeux, les vieilles parlent, coulant un regard vers la maisonnette.

— Hier, *il* était vivant chez le médecin.

— Il est mort…Maintenant, le médecin le coupe comme un mouton.

— J'ai vu sa fille, elle m'a raconté. Elle est mariée à un Marocain brutal. Hier, il voulut la tuer, la frappant à la tête avec un bâton de fer. Alors son père la conduisit chez le médecin. Le Marocain en est devenu fou. Elle est allé chez le cadi avec son père et le juge l'a divorcée. Ils sont ainsi sortis du tribunal. Ils ont traversé le souk. Alors, le Marocain est venu ; il a frappé le père de plus de dix coups de bou-saâdi.

— C'était au milieu du souk plein de gens. Personne n'a retenu le bras du meurtrier ?

— On ne retient pas la destinée.

Parmi les chaumes, un troupeau de moutons pâture, environné de tourterelles sauvages.

La maisonnette aux tuiles roses n'a qu'une salle étroite pavée de carreaux rouges, éclairée par une fenêtre aux vitres brisées. L'atmosphère y est imprégnée d'une odeur de cadavre et d'eau souillée. Sur un banc de maçonnerie, le mort d'hier est étendu roide dans ses vêtements ensanglantés.

Le médecin et son aide déchirent les doubles gandourahs, enlèvent le turban, mettent à nu le corps brun, long et mince. Un chapelet de bois poli par le fervent usage reste autour du cou. Les coups de l'assassin ont ouvert le ventre et crevé la poitrine, d'où la matière pulmonaire s'échappe encore avec du sang.

Pour l'autopsie, le scalpel entame la peau sèche et dure. Voici les côtes dénudées, le sternum soulevé, une mare de sang noir, des intestins surgissant, des mouches vertes qui bourdonnent, et, dans la main du docteur, soudain, un cœur qui n'est pas encore tout à fait refroidi.

Auréolé du chapelet, le vieux visage du mort est très beau.

Une négresse jeune et alerte appelle au bord du champ. Le troupeau de moutons se précipite, la suivant vers le bercail.

Les vieilles femmes parlent à l'ombre de la haie.

— Cette année que de mauvais esprits ! Compte le nombre de victimes pour un seul mois : — Boughala ben Embark, tué d'un coup de fusil, — El Hadj ben Larbi, la tête fracassée par une massue, — Abd-el-Hack et Rabah, morts sous le couteau ; tous ceux-là des Ziban.

— Et Aïssa ben M'hamed du Zab-Chergui, la poitrine ouverte ? Et Kheïra bent Ali de la tribu des Bou-Hadidja ?

— Qu'est-ce près de ceux de la tribu des Cheragas ! Souviens-toi d'Abdallah. Souviens-toi de Ben Rahal ; il n'a pas voulu entrer à l'hôpital français et il est allé mourir dans sa tente, mâchant la poudre de vengeance du fusil qui l'avait frappé. Et Moktar, fils de Derradji ? Et Fatima !

— Pour celle-ci, c'est son mari Moustefa qui est rouge. Elle dormait la tête appuyée sur le bras. Il est venu comme pour se coucher près d'elle. Son pistolet était chargé de trois balles. Il a posé la bouche de l'arme entre les épaules de l'endormie et il a tiré. Elle est morte.

— Moustefa a dit qu'elle l'avait frappé la première avec un sabre.

— Fils du mensonge ! Il s'était égratigné le cou moins profondément que ne l'eût fait le jeu d'un chat, et, sur son sabre, avait mis du sang de Fatima.

— On a vu jusqu'à quatre victimes par jour dans
la cour du Bureau Arabe.

— Cela est vrai.

— Il n'y eut jamais tant de meurtres.

— Cela est vrai.

— Malheur ! Il n'y a plus la paix d'autrefois !

Deux amis du vieillard assassiné pénétrèrent
dans la maisonnette, car le moment était venu de
prendre le corps pour l'ensevelir.

A l'ombre de la haie, les vieilles femmes se
mirent à hululer sauvagement.

Le corps porté au grand cimetière fut enseveli parmi ce bruit et le bourdonnement rituel des prières.

Autour de la nouvelle sépulture combien d'autres ! Certaines, crevées par un ou plusieurs côtés,
font songer à une fuite audacieuse du défunt sous
une forme inconnue des vivants.

Sur les briques de toub marquant l'orientation
des tombes, des ex-votos bizarres s'imposent. Ici
un lambeau de turban ; la pluie du précédent hiver
a fait couler la boue qui s'est modelée sur le chiffon, l'a pétrifié, rendu semblable à une draperie
sculptée. Sur le tombeau voisin serpente un de ces
longs écheveaux de laine noire et rouge que les
femmes tressent avec leurs cheveux pour réaliser
les lourdes nattes de leur coiffure. Plus loin, l'ex-
voto est un vieux soulier européen ; — quelque
enfant pieds nus trouva cet objet digne d'être
offert aux morts. Et partout s'accrochent des amu-

lettes; amulettes de cuir filali, de toile salie, de peau de chevreau encore velue, de velours brodé. Voici, coiffant les briques, une chéchïa de feutre rouge déteint, une calotte de tricot, une autre de laine blanche.

Le coin des soldats, tirailleurs ou spahis, est moins humble et moins anonyme. Les tombes y ont un nom quand la planchette peinte qui le porte n'a pas été lavée par la pluie, essuyée par le vent. L'une garde cette phrase en français.

« Dieu bénit Aderrahman Ledaoui, le spahi. »

Et sur tous les tumuli, avec la douceur de grains d'ambre ou l'éclat de beaux rubis oblongs, des dattes restent offertes à la faim des mânes.

Pleureuses corses, femmes de Sardaigne aux voix rudes, « ciangulines » calabraises, nul de vos sanglots professionnels, nulle plainte de « dolituri » pleurant leurs proches ne valent la poésie du chagrin arabe !

Les vieilles femmes se lamentent avec mesure et volupté près de la tombe fraîche de celui dont elles furent les amies :

« O le parti, ô le généreux, ta vieillesse était comme l'arbre reverdi à chaque saison ! »

Une jeune femme, écrasée contre un tertre, où elle est venue émietter du pain, module :

« O ma fille, ma petite fille, ô *beniti!* M'avais-tu jamais dit que tu choisirais une maison dans laquelle je ne pourrais pas entrer avec toi ? Mon cœur te fut-il ainsi fermé autrefois ?

« Tu entends ?

« Tu disais : — O ma mère, ô Aïcha, je veux me promener aujourd'hui. — Tu es sortie sans moi une seule fois pour venir là où je ne te vois plus.

« N'aimais-tu pas le pain frais ? Depuis deux années je t'en apporte sur la terre des défunts. »

Parmi des sépulcres qui finissent au bord d'une seguïa, sur un monticule déjà ancien, une aïeule alignait des dattes et des figues.

Elle psalmodiait :

« El Ksouri, mon fils, pour te pleurer il faudrait la voix des jeunes femmes ; car la douleur roucoule dans leur gorge tel le chant du pigeon.

« Moi, je ne pleurerai pas ici ; tu croirais qu'un chien hurle et aboie dans le cimetière.

« Je t'avais choisi deux épouses. Ne voulais-je pas te donner toutes les vierges des villages ? Sois heureux, nul ne les possédera qui puisse t'être comparé.

« Mon fils, mon fils, le plus grand qui dépassait les autres hommes, le plus petit qui tenait tout entier dans mon cœur !... »

Avant le coucher du soleil, un lamento confondant toutes les voix monta du cimetière, s'élargit immense sur l'oasis. C'étaient les femmes, les mères et les aïeules qui pleuraient pour ceux que la guerre ne rendrait pas.

PETITES FILLES

A la Comtesse *Louise de Rochefort*.

Lorsque le maître de la maison bat du tambour,
Ne blâmez pas les enfants d'aimer la danse.

(Proverbe arabe.)

J'ai endossé cette robe légère
Cherchant les douceurs de la vie.

(Hariri.)

Etudie, car l'homme ne naît pas instruit,
Acquiers la science,
Elle est une parure pour qui sait en user.

(Ech-Chebraoui.)

CELLES DE L'ÉCOLE ET CELLES DU SOLEIL

Elles sont une petite troupe différente de celle des autres fillettes allant à l'école et qui s'isole volontairement.

Elles ont *leur* trottoir, *leur* allé ou *leur* côté de rue qu'elles choisissent dès que leurs condisciples des autres races ont pris, sans même y penser, le côté opposé.

Elles possèdent une distinction puérile, une allure de séduction et de fierté naturelle que n'ont pas les enfants de notre peuple.

Celle-ci à toison d'agneau brun teinte de henné, avec ses yeux de sombre malice et sa peau noire, est la fille d'un gros marchand. Sans femme, son petit garçon l'aidant dans sa boutique, peu soucieux d'avoir une gouvernante, il met sa fillette sous la surveillance de l'école communale.

Celle-là vient d'une maison nombreuse où, sous la direction de l'aïeule, chacune doit fournir sa part de labeur. O Dieu doux ! Djellalia, tout en étant sautillante comme une gerboise, a de longs accès de paresse à la manière d'un sloughi ; elle préfère l'école à l'effort domestique.

Ces deux petites sœurs jumelles, escortées par
une vieille servante, avec leur teint olivâtre, leurs
fines menottes, leurs tabliers de cotonnade, sont
les filles d'un huissier indigène. L'ambition servile
de ce père utilise tous les moyens de témoigner au
gouvernement un attachement qui peut être pro-
ductif et son acceptation d'une évolution qu'il méprise et réprouve secrètement.

Cette autre encore, qui semble la minuscule bergère des quatre ou cinq petites câlines et sauvages
qui la suivent, vient à l'école parce que c'est amu-
sant et que parfois on gronde les Juives. Or, les
Juives vont demander pardon à la maîtresse en
français et, revenues à leur place, l'insultent en
arabe à mi-voix et disent des obscénités qui font
rire. Pendant les récréations, encore qu'elle garde
une affirmation de supériorité, elle mêle à ses jeux
les petites filles d'Israël plus volontiers que les
Européennes. Pourquoi ? Leurs deux peuples se
connaissent depuis si longtemps ! Depuis le règne
éblouissant des khalifes, les filles et les fils d'Isaac,
neveux de l'ancêtre arabe Ismaël, n'ont pas cessé
d'être les conseillers et les confidents, les inten-
dants des biens et des domaines, les caméristes
savantes en pratiques de volupté. Tout le mépris
affiché pour ces cousins accoutumés aux vicissitu-
des n'empêche point que les uns et les autres se
retrouvent éternellement sur des terrains qui leur
sont également familiers.

Des écolières, et des écolières encore, toutes nées

des gens d'Allah, cheminent vers la salle commune opposant un dédain plus vieux que leur âge ou la suprème indifférence de leur masque délicatement beau aux regards de la rue.

Ce qu'elles apprennent durant leur vie scolaire est quelque peu déconcertant en son insuffisance.

Sauf de rares exceptions, — filles de spahis ou de gendarmes indigènes qui, pour avoir entendu parfois l'autre langue au foyer arabe, se sont apprivoisées à ses consonances, — la généralité des écolières musulmanes ignorent le français. Partant, la leçon de la maîtresse ne les intéresse pas. Elles sont sages pour éviter les punitions et restent tranquilles parce que l'immobilité ne déplaît pas à leur nature. Celles-ci sont réduites au rôle de figurantes ; mais les quelques autres, jusqu'à la fin des études primaires, vont faire la joie de l'éducatrice.

Avec des moyens d'expression et de compréhension à peine différents de ceux de leurs condisciples européennes, elles prennent immédiatement la tête de la classe. Intelligence supérieure ! Non. Vivacité et application des yeux et de l'oreille beaucoup plus qu'attention cérébrale ; cela aidé par la plus parfaite mémoire *momentanée*.

Tentez d'élever le niveau de l'étude et d'étendre le programme jusqu'à nécessiter un travail de réflexion soutenue au lieu du simple exercice machinal, ce seront des défaillances subites ; les petites chèvres qui bondissaient en avant sur le chemin du savoir se dérobent tout à coup.

Ainsi s'explique le fait que, le temps de l'école passé, quand le gynécée et la coutume ont repris leur jeune proie, les écolières admirées oublient si rapidement et de si stupéfiante façon ce qu'elles apprirent.

Pourquoi ou comment se souviendraient-elles ? Ces choses ne les intéressaient pas individuellement. Ce commencement d'initiation ne toucha ni leur cœur ni leur cerveau ; elles en eurent la mémoire d'un instant comme on garde quelques minutes le goût d'un mets étrange qui ne se retrouvera plus dans le menu quotidien.

Mais cela c'est *Aujourd'hui*.

Demain, plus nombreux seront les foyers musulmans où pénétrera notre bon génie. A la troisième ou quatrième génération, la tête retiendra et utilisera ce que les yeux des grand'-mères auront vu, ce que les mères auront su entendre.

Ajourd'hui, parmi ceux d'Islam, l'esprit français, pour accueilli qu'il soit et sans doute préféré à un autre, circule encore tel un oiseau de passage. Demain, il fera son nid dans la muraille du harem.

Aujourd'hui s'appelle déjà *hier*. Les événements prompts et brutaux nous semblent avoir précipité le temps.

Alors ?...

Nous cherchons à saisir l'âme enfantine de l'heure présente.

Nous avons revu les écolières. Elles avaient de beaux yeux vides et charmants.

Nous leur parlions, flétrissant ceux pour lesquels la guerre n'impliquait que gestes atroces et barbarie consciente. Nous disions comment des enfants avaient souffert. — Une grimace banale, un sursaut d'effroi puéril, exagéré, voulu, tordait les bouches jolies, secouait les corps fragiles et délicieux. Puis, les petits doigts peints activaient leur jeu laborieux sur les aiguilles ou le crochet, parmi la laine d'objets chauds pour nos soldats. Si quelque chose passait dans les prunelles, ce n'était pas une vision précise. Ces détresses que nous évoquions étaient trop loin, ces enfants martyrs trop différents et trop inconnus. Et comment leurs parents ou leurs voisins n'avaient-ils pas su les défendre ?

Cela, elles ne l'exprimaient point à voix haute, les petites ; quêtant le regard approbateur de leur surveillante, elles se contentaient de répéter, à la manière de ces ave pénitents d'où la pensée est absente :

— La France est bonne. L'Allemagne est méchante. Nous ne voulons pas les Allemands, jamais ! Chaque Allemand est comme un « ghoul [1] » qui mangerait toutes les filles d'Adam.

Tricotez, petites filles de l'autre race !

Qui discernera la couleur nuancée de la pensée

1. Ogre.

enfantine et secrète dont vous mêlez le fil aux fils de vos écheveaux ? Peut-être est-il seulement pareil à un brin de laine noire ou blanche pris à l'innocente toison d'un agneau.

Vous étiez encore à l'école quand nous avons découvert celle-ci de vos petites sœurs sauvages :

Fillette animale, insaisissable et menue aux yeux mobiles et fureteurs, elle est la souris du grand cimetière musulman.

Elle ne marche pas ; elle court et glisse. Le champ funèbre est incessamment hanté par sa forme fuyante.

Elle n'a jamais touché d'étoffe neuve ni propre. Sa draperie est un chiffon, gris de poussière immémoriale.

Son père est un mendiant professionnel. Au long des rues, dans les cafés maures et devant les portes, il promène une cassolette de terre où, sur des braises, fume un peu de benjoin.

Elle ne mendie pas, mais accepte les dons avec un sourire délicat.

Il lui arrive d'avoir faim et de regarder avec envie les dattes des morts qui restent exposées aux oiseaux sur les tombes. Cependant, elle n'y touche point, se contentant de grignoter le pain ou les fruits que lui dispensent les femmes pieuses, fidèles aux défunts.

Elle nous a montré le buisson sous lequel fut trouvée Zouïna, la muette et l'abandonnée.

Et voici l'histoire de Zouïna dont le nom était écrit sur un étroit bracelet de corne noire.

Des touffes de guettaf gris aux feuilles chétives, des bosses de terre jaune, un temps triste et doux de soleil voilé, la solitude du cimetière, des roucoulements de flûte au fond des palmeraies, plus près, la vibration des cloches de l'hôpital des Sœurs blanches.

Le regard de la femme haillonneuse, la Nomade pauvre aux pieds rabotés par le sable qui brûle et le roc qui lacère, un regard de bête méfiante, rôdait peureux. Pour un bruit à peine perceptible venu des jardins, elle s'écrasait contre le sol.

Mais nul passant ne faisait craquer la terre parcheminée entre les tombes. Seul, au tournant du chemin de Bab-Dharb, un méhariste armé escortait un convoi de tabac soufi. Le pied mou des dromadaires ne suscitait pas d'écho. De cette allure ample dont la lenteur est un leurre, le convoi s'éloigna, disparut.

Eût-on vu la femme, qu'aurait fait cela. Près des touffes de guettaf saharien, elle n'était qu'un paquet de vieilles draperies anonymes.

Il y avait bien Zouïna. Mais la chemise, la peau de Zouïna, tout, jusqu'à sa rachitique figure sans yeux, était couleur de poussière. Et Zouïna jamais n'avait pleuré.

Précautionneuse, la femme posa l'enfant sous un buisson. Les cuisses flasques, les jambes noueuses comme de petites branches mal venues, se replièrent d'elles-mêmes sous le ventre proéminent. Des mouches s'acharnaient dans les orbites purulentes, creusées par un mal ancien ; la femme ni l'enfant ne songeaient à les chasser ; de tout temps, le lugubre aspect de Zouïna avait dû être complété par les grouillants et bourdonnants parasites.

Et la femme gémit :

— O Zouïna, ô mon « petit oiseau de la muraille », Dieu à paralysé ta langue et détruit tes yeux dès ta naissance ! Le Prophète soit témoin ! Cinq fois nous sommes remontés dans le Tell pour la moisson et redescendus dans le Sahara pour les dattes, sans que le miel de la montagne ni la cendre des palmes t'aient donné la guérison. Tu es pour tes parents comme une charge de pierres inutiles au dos du dromadaire. C'est aujourd'hui le « jour de la mosquée », le jour des actions méritoires ; puissent les mères qui visiteront les tombeaux connaître que Zouïna est ici par la volonté de son père, mon seigneur, et par mon obéissance ! Pour moi, ô la plus petite et la plus douloureuse, je ne puis rien que te laisser selon l'ordre reçu, car ma part n'est pas dans l'abondance ni l'autorité.

Elle s'en alla.

Les chemins d'oasis s'emplirent de féminines présences.

Les Musulmanes venaient par groupes ou deux à

deux, jamais isolées, car les faiseurs de lois ont dit : — « La femme ou la fille qui va seule hors de sa maison trouve sur la route la plus courte autant d'occasions de pécher qu'il y a de grains dans une grenade. »

Les jeunes étaient enveloppées de blanches étoffes traînantes. D'invisibles anneaux s'entre-choquaient à leurs chevilles avec un bruit clair d'argent lourd et fin. Ce bruit rythmait leur marche comme un tintement sacré. Les très vieilles femmes ne se voilaient pas. Conductrices et gardiennes, elles étaient celles auxquelles ne s'offre plus la tentation et dont la sainteté sénile préserve du démon, — chaque fois qu'Iblis n'a point besoin de leurs services.

Entre les tumuli blancs et fauves, uniformes, parmi ces morts gisant sous le bernous égalitaire du sol, les visiteuses se posèrent.

Certaines que pas un homme de leur race ne violerait les bienséances et ne traverserait le cimetière ce jour-là, elles laissaient choir leurs voiles. Encadrés des tresses pesantes et larges agrafées d'argent, leurs visages se livraient, puissants d'animalité bestiale, ou abrutis de passivité, ou nets en leur profil, parfois ardents et sauvages ou immobiles, statuaires. Leurs turbans noirs emmouselinés de tulles colorés fleurissaient les sépulcres. Leurs bras se mouvaient lentement comme essayant malgré elles de disperser les rares images évoquées par leurs paroles.

Afin que les morts pussent encore se réjouir ou s'attrister avec leur parenté terrestre, elles contaient les menus faits d'une vie presque immuable.

Beaucoup préféraient se taire et se couchaient dans leurs voiles étalés. Calmes, telles des chèvres au repos à l'heure de midi, elles ruminaient des pensées sans variantes.

De générations en générations, depuis que les palmiers sans âge ont bu de toutes leurs palmes l'inépuisable soleil, ces femmes sont ainsi venues, disparaissant sans cesse et sans cesse renouvelées.

Rien dans leur groupe ne saurait donner cette impression de durée que font éprouver des attitudes de vieux mages contemplatifs. Ces féminines créatures sont d'un moment, d'un moment leurs types de figure aux déformations faciles et promptes, d'un moment la blancheur des voiles et le vif coloris des mousselines, d'un moment leur présence et d'un moment ce qui les navre ou les satisfait.

Cependant, l'une des silencieuses eut un geste de telle surprise que les autres en furent troublées.

— O le Doux! qu'advient-il à cette fille du repos?

— Reggueïa l'épouvantée, as-tu pris une guêpe sous ton aisselle?

— Certes! la vipère à corne cherche son lait!

— Je vous le dirai vraiment. Pour elle chaque pierre est devenue un scorpion!

Les phrases railleuses se heurtaient.

Mais Reggueïa s'était levée, dédaigneuse des plaisanteries. Elle allait vers une touffe de guettaf.

Et elle s'écriait :

— Ma fille, ô la plus petite et la plus pauvre !
Qui es-tu? D'où viens-tu? Où sont tes yeux ? Je ne
vois rien que des mouches. Comment te nommer?
Dis-le, dis-le moi.

Zouïna redressa son étrange et misérable tête
dont le crâne ressemblait à celui d'un vieil homme ;
le grouillement hideux des mouches couvrait même
le front trop bombé. Elle ne parla ni ne pleura,
mais ses bras de petit singe malade se tendirent
du côté où résonnait la voix bonne.

— O notre seigneur Abd-el-Kader Djilani ! Sa
langue est-elle clouée ou mangée comme ses yeux?

Bruyantes maintenant, confondant leurs draperies, entrechoquant leurs anneaux, toutes les
femmes accouraient.

De ses beaux bras tatoués pleins de jeune force,
Regguïa élevait l'abandonnée au-dessus des têtes.

— A qui est-elle? La malédiction sur celle qui
mentirait en ne la reconnaissant pas !

En brouhaha se mêlèrent des affirmations, des
suppositions, des formules de pitié, puis un aveu :

— Elle est seule. Personne ne la connaît.

Au poignet décharné, sur un étroit bracelet de
corne noire, Regguëïa découvrit ce nom : Zouïna.
Cela ne mit pas une lumière dans la voie de sa
destinée.

Qui peut savoir, hormis ce Nomade à l'intra-
duisible visage qui, descendu d'un coin du Tell,
chasse vers le désert deux dromadaires et un chien

féroce,— hormis cette femme aux hardes terreuses
qui, du pas martelé et hâtif des ânes battus, marche
pour rejoindre son maître sans un regard en arrière.

Zouïna fut confiée aux religieuses de l'hôpital.
Elle eut pour commensal un petit Oasien sans
mère et qui ne parlait pas encore.

Accoupis sur le même morceau de tapis, tous deux
restaient plus tranquilles que sur les bons genoux
d'une nourrice. Au moindre mouvement du petit,
au plus imperceptible balbutiement, le masque
de Zouïna exprimait une attention charmante. Il
semblait que, d'une oreille infiniment délicate, presque fée, elle percevait le langage indistinct de son
ami comme la plus intéressante symphonie de
mots. Il semblait que, du fond de ses orbites ravagées, son âme aux aguets saisissait chaque geste.

Parfois, elle touchait l'autre abandonné; c'était
moins une caresse qu'un effleurement de craintive
adoration. Alors, le faciès absurde de la pitoyable
s'imprégnait d'exaltation flambante et fugace.

Leurs deux âges additionnés devaient faire à peu
près huit années.

Le petit mourut silencieusement, et silencieusement fut emporté.

Zouïna ne vit rien, mais elle perçut la fuite de
cette vie dont elle avait joint la fragile expression à
sa sensibilité secrète.

De sa bouche qui jamais n'avait proféré un son, un cri jaillit, puis un autre cri, un autre encore, un long cri guttural, déchirant. Ce cri dura trois jours et trois nuits et se tut brusquement à la manière de quelque chose qui se rompt.

La mort était venue.

Ainsi Zouïna libéra son âme mystérieuse de la détresse de son corps.

Les libertaires et les inquiètes ont un cercle : le parc, est un boudoir : le coude que forme la grande seguïa entre de hautes touffes de diss.

Sous les gommiers, épais sans donner d'ombre, tant le soleil est habile à couler entre leur menu feuillage, les petites Musulmanes se rassemblent avec les plus petits marmots dont elles sont les nourrices sèches.

A peine plus grandes que ceux qu'elles doivent protéger, les voici jouant avec des cailloux.

Les unes ont abandonné dans la poussière les nourrissons peu vêtus, proie des mouches. D'autres les gardent accrochés sur leur échine frêle, s'y maintenant équilibrés par la force atavique de l'habitude, dormant ou bavant avec placidité.

Si l'un des délaissés manifeste quelque mécontentement, sa gardienne revient à lui, le houspille, le pince, l'embrasse goulûment sur le nez, les yeux, la bouche et le chatouille à l'endroit le plus délicat de son corps. Quand ce traitement est insuffisant pour tarir les larmes, elle le saisit par un bras, lui fait exécuter un rétablissement d'accrobate et le laisse s'écraser de plaisir sur l'échine retrouvée.

Parfois, quelque gamine se sépare du groupe et s'en va, parmi les touffes de diss, rejoindre des gamins pour jouer à l'amour.

Elles ont six ou sept ans et tiennent des propos de filles. Elles deviennent épouses et mères à l'âge où les fillettes d'Europe serrent jusqu'au martyre une attache de jupon ou une ceinture de cuir pour se faire une taille. Elles sont des aïeules quand se marient leurs contemporaines d'Occident.

Et les petites du soleil m'ont demandé :

— Sais-tu lire ? Alors, tu connais les choses des livres et des journaux. Tu nous diras la vérité sur tout ce que les gens racontent. Ils racontent que le sultan du Maroc, après avoir été battu par les Français, est allé manger la diffa en France.

— On lui a offert des festins en France, c'est vrai.

— Puisque les Français l'avaient battu, ils étaient les plus forts !

— On raconte que les Turcs sont morts.

— Ce sera vrai bientôt.

Les regards s'emplissent d'inquiétude.

— Est-ce que les Chrétiens nous tueront comme ils auront tué les Turcs ?

— Soyez sages et sincères, rien de mauvais ne vous adviendra.

Elles se sauvent en courant, bondissantes, secouant leurs fardeaux humains. La moins chargée chante sur l'air d'une chanson obscène :

Nous ne sommes pas des filles de péché,
Nous ne sommes pas des filles de sultans,
Nous ne mourrons pas, vraiment !

LES GRANDS SAHARIENS...
PUIS BATOUCH.

A *Maurice Romberg*,
peintre de foules marocaines,
et à sa femme.

Je demande au Tout-Puissant qu'il nous donne de l'eau.
Nous sommes au printemps
Et la pluie a trop tardé pour les peuples à troupeaux.
J'ai faim, je suis à jeun comme une lune de Ramadan.

(Chanson.)

Deux choses sont belles :
Les beaux vers et les belles tentes.

(Poème d'Abd-el-Kader.)

Songe que pour te visiter
J'ai traversé les déserts de Nokour
Ayant pour monture une chamelle au pas rapide.

(Ibrahim ben Aïoub.)

LE VENT

La steppe était si blonde qu'elle paraissait blanche. Sur l'horizon du Nord, les Ziban gris-rose avaient de longues traînées pâles où s'écrasait le soleil. Les pierres rutilaient. Des chèvres et un petit pâtre erraient dans l'espace incandescent. Ces douces choses vivantes pouvaient exister sur cette terrible terre.

— Il y aura du vent *chihili* ce soir, disaient les gens de l'oasis.

Des traces de rongeurs minuscules, de reptiles et d'oiseaux striaient les dunes d'Oumache. Les gerboises circulaient par bonds menus, sarigues des sables aux yeux mobiles et brillants. Elles grignotaient des graines de coloquinte et se querellaient avec des morsures acérées qui tachaient le sable de gouttes de sang.

La dune chantait. Le heurt infime, multiplié des atomes, devenait une voix perceptible.

« ... Je suis la tourmentée, l'ensevelisseuse et la resplendissante. Je suis le squelette pulvérisé, la chair désagrégée des montagnes, la recéleuse des émiettements immémoriaux. J'ai vu l'homme hardi me défier, mais le rire muet des choses puissantes était en moi. L'homme a cru vaincre ma houle immobile et ma force mouvante,... mais le vent est venu. »

Le vent est venu...

C'est le « chihili » et c'est aussi « el adjedj », épouvante des Sahariens.

Voici le ciel, l'implacable ciel de la saison chaude, couleur grise et blanche de métal fondu. Les horizons se sont rapprochés jusqu'à ne plus former qu'un cercle étroit.

Tout est calme, d'un calme inquiétant.

Les forces visibles et invisibles de la terre et de l'air semblent mortes. Pourtant, dans l'atmosphère sans ondes, quelque chose de formidable, sournoisement et irrésistiblement se crée.

Soudain, jaillie de partout et de nulle part, une rafale tournoie. La forêt des palmiers exhale un soupir, un frisson la secoue, un craquement la ploie et se prolonge en gémissement sans fin. Les dattes crépitent comme grêle sur le sol. Les longues palmes échevelées, tordues, ont un crissement de soie déchirée. Hors des oasis, le Sahara s'emplit d'un roulement furieux, choc infini, multiplié, des terres égratignées, des graviers tourbillonnants, des poussières qui volent.

Maintenant, il souffle du sable qui cingle et ruisselle sur chaque obstacle rencontré. Du sable pleut dans l'espace et sur les palmeraies comme si elles devaient être ensevelies. Le sable obstrue les narines des hommes et des bêtes, envahit leurs yeux et leur bouche, leur inflige une torture de damnés. Echapperont-ils à cette géhenne? Leurs dents grincent, leur haleine s'épuise. Les bruits sinistres n'ont point d'apaisement, la furie du vent point de répit.

Ne souffle-t-il pas des quatre horizons à la fois, ce vent de ravage ?

Combien durera l'assaut et que restera-t-il de la terre ?...

Paix...

Le sable est posé tel un velours blond sur toutes choses

Les dunes proches se sont éloignées. D'autres, venues je ne sais d'où, barrent la large piste libre auparavant.

Plus un souffle.

Le gris du ciel est très haut, léger, dans l'espace tranquille.

Les caravanes couchées secouent leur linceul de poussière, se relèvent, comptent les dromadaires et les hommes, jettent un appel vers ceux qui sont perdus.

Dans les oasis du bas-Sahara, des clameurs s'exaspèrent en cris de désespoir autour d'un puits ensablé d'où l'eau ne jaillira plus, — un puits mort.

Le long des palmes réclinées, le sable coule. Les

chèvres gourmandes disputent aux enfants les dattes tombées, les *hameraïet* qui sont comme les gouttes de sang de leurs arbres, l'*hamari* pareille à un scarabée brun, la lourde et jaune *safraïa*, les *ghars* qui ressemblen¹ à des grains d'ambre trouble, l'*arechti* précoce, et d'autres, et d'autres, âpres ou douces, vertes ou brunes, dorées ou rouges, richesse des Bédouins et bonté du désert.

Durant la tourmente, une tente des Arabes Chéragas fut mon refuge.

Dans la chaleur de l'abri clos où régnait l'odeur fauve des grands troupeaux sahariens, j'acceptais l'abolition momentanée de tous les droits terrestres à la résistance, à la domination, à la volonté. Ne rien pouvoir, n'avoir donc rien à vouloir et rien à faire sinon attendre ! Subitement cela s'offrit en volupté supérieure à celle de l'énergie.

Sous la tente voisine, des cris retentirent, envolés avec les rafales. Il y eut un sourd tapage, puis de déchirantes plaintes d'enfant. Le lourd tissu de laine et de poils tissés avait dû s'abattre sur ses hôtes.

Quand le chihili fut passé, les chiens sauvages hurlèrent férocement à cause de moi. Leurs maîtres m'offrirent des dattes et du miel.

Le grand calme de la terre apaisée pénétrait par l'ouverture dégagée de la tente. Les Nomades faisaient partie du paysage. Ils en étaient l'expression animée. Leur langage pouvait s'entendre comme un murmure attardé du vent ou le bruit venant des troupeaux.

Les gestes de l'hospitalité accomplis, ils ne manifestaient ni impatience ni ennui de ma présence.

Ils mirent à ramener mon cheval la même lenteur qu'ils avaient mise à le conduire à l'abri.

Nous échangeâmes des saluts d'adieu aussi paisibles et simples que si ces gens avaient toujours connu « l'hôtesse envoyée par Dieu » et si, éternellement, ils avaient dû la revoir.

LES NOMADES

Une voix gutturale et roucoulante, comme empruntée à la fois aux pigeons et à la clameur des dromadaires, chante la chanson de Ben Abdallah de Metlili :

> Y a-t-il encore dans le Sahara
> Des Tolba qui lisent dans les mosquées ?
>
> Y a-t-il encore dans le Sahara
> Des troupeaux à la laine blanche ?
>
> Y a-t-il encore des chanteurs
> Avec des tambourins qui parlent ?

Une caravane passe.

Caravane riche aux nombreux palanquins balançant d'un rythme large, au pas des bêtes porteuses, la couleur et la somptuosité de leurs tentures, la vanité de leur panache de plumes d'autruche, la gloire et la beauté des femmes qu'ils recèlent, l'orgueil de leur tradition.

La caravane est longue de plusieurs centaines de têtes. D'admirables chiens à fourrure fauve ou blanche hargnent sur ses flancs. Des cavaliers et des piétons, — maîtres et serfs, — guident et règlent l'allure d'un galop bref ou d'un sifflement très doux.

Des bijoux tintent, mystérieux, plus charmants d'être invisibles. Un visage se montre entre deux voiles écartés, un murmure ralentit le pas du dromadaire, un bras nu glisse parmi les pompons de laine, une amulette d'argent embaumée comme une cassolette tombe sur le sable ou les pierres.

La caravane s'éloigne.

Qui ramassera le bijou ?

Celui qui, de très loin, seul avec sa monture et son désir, suit la troupe voyageuse, — le don Juan du désert, un de ceux que l'admiration salue de cette épithète impliquant tout le courage et toute la passion : *les grands voleurs d'amour*. Pour lui, le joyau, le parfum, l'amulette, le lambeau de mousseline, la poudre de henné, le grain d'ambre, la perle de corail trouvés sur la piste sont d'explicites sélams.

Quand les ailes vagabondes des tentes se seront posées au lieu de la halte, il entravera son bon cheval ou son patient mehari. Le poignard aux dents, il rampera, nu et hardi, vers la tente où *elle* doit être. Il franchira les lignes des gardiens et des troupeaux. Il apaisera les chiens par le sortilège de sa nudité et des huiles dont son corps fut lubrifié. Il risquera tant de fois la mort ! et lorsqu'il touchera enfin le but de joie, avant le baiser peut-être, le mari, le père ou le frère guettant, lui écrasera la tête, lui trouera la poitrine. La tente palpitera d'agonie, de blasphèmes et de malédictions...

Ainsi la rouge aventure chemine avec les Nomades.

Caravane pauvre.

Quelques dromadaires, des ânes.

Sur les bêtes de somme, parmi l'amas confus des hardes et d'objets sans noms, sourient la jeunesse d'une femme, la gaîté d'un enfant ; des chats étiques et familiers se pourlèchent savourant le souvenir d'une alouette des sables happée au vol ; des chèvres accoutumées au voyage ruminent le goût aromatique du chîh. Les vieilles femmes et les hommes qui semblent détachés de hordes barbares fugitives suivent, inlassablement.

Dans l'aube et dans le soir, les théories pleines d'ampleur archaïque se succèdent. Elles animent les lits desséchés des ouad, les chemins sableux, les pistes pierreuses ridant la face dure de la hamada. Elles évitent le passage à travers les oasis, les bords de seguïat trop étroits pour les vastes palanquins, les ruelles voûtées des villages trop basses pour les animaux chargés.

Quand les incidents de route ont retardé leur marche régulière, ou parce que le campement d'une nuit ou d'un jour devait être là, les Nomades allument leur feu au hasard de la steppe pelée. Ils préfèrent le stérile espace nocturne ou incendié de lumière à l'asile des ksour, à l'ombre des jardins, à la fraîcheur des eaux courantes.

Cette prédilection pour toutes les clartés affron-
tées sculpte leur beau visage de muscles secs, de
peau basanée, leur profil aigu d'oiseaux migrateurs,
leur puissance de repos sous le violent soleil et la
placide lune.

— Que contez-vous autour des feux, gens des
caravanes ?

— Nous perpétuons l'Histoire et la Légende.
Quiconque prend le livre d'aujourd'hui croit relire
celui d'hier. Le Désert est ce qui ne change pas.
Les paroles sont perpétuelles qui nous furent transmises et que nous transmettons.

...« Alors, — comme à présent, — survint une
sécheresse au point que les habitants du Sahara se
virent dans la nécessité de vendre leur fils et leurs
filles. — Et la misère devenant encore plus grande,
les maris vendirent leurs femmes. — Vraiment ! Ils
vendirent aussi leurs chevaux et leurs jardins. —
Ne possédant plus que leur propre corps, et, la
sécheresse durant, ils finirent pas se vendre eux-
mêmes. »

— Peut-être devrons-nous bientôt faire cela.
Et ne l'avons nous pas déjà fait en vendant nos
fils au beylik pour la guerre ?

...« Les Oulad-Moulat, nos cousins, nobles entre
les nobles fils de Hillal, furent les maîtres des
lances ». Pour un des leurs tué, la famille du

meurtrier payait la « dïa » perpétuelle et ce « prix du sang » équivalait à cinq sacs de dattes par récolte. »

— Les Saharis de la plaine d'El-Outaïa nous ont tué trois hommes et que payeront-ils ? Faut-il attendre que les Français les châtient ?

— Gardons-nous des Chaamba quand nous recommencerons à marcher dans l'Erg ! Les Turcs et le seigneur Senoussi leur ont donné des fusils.

— Autrefois, Senoussi l'ancêtre disait :

« Les Turcs et les Chrétiens sont semblables ; je les taillerai en pièces tous en même temps ! »

— Senoussi nous fit du mal avec son chérif Mohamed ben Abdallah. Nos pères nous l'ont rapporté. — Le chérif razzia 800 dromadaires aux Oulad-Moulat. Près du puits de Still, il leur tua quinze cavaliers. Le cheikh Embark, s'échappant, tenait son fils, le tout petit, d'une main sur sa selle et de l'autre main brandissait encore son fusil. Son cheval saignait de treize blessures. Il y a de cela soixante années...

Parmi les dromadaires qui dorment le col étiré sur la terre, un vieux chamelier s'est mis à chanter la chanson ancienne

> O mon troupeau ! mon troupeau !
> Mes pleurs et les tiens vont faire fondre
> Et trembler le désert...

Un autre réplique par le refrain aimé des Noma-

des de l'Est qui, tous, furent des partisans de Salah-
bey, seigneur de Constantine.

> Ils ont dit, les Arabes, ils ont dit :
> Nous ne livrerons ni Salah ni sa fortune,
> Nous ne le combattrons pas,
> Dussent les têtes êtres coupées sur les têtes.

— Qui nous rendra les troupeaux de Bou-Okkaz,
exclame le premier ! De tels troupeaux que cent
quarante chamelles mettaient bas dans la même
nuit...

Devant une tente, un garçon de vingt ans et une
femme mûre sont agenouillés en face l'un de l'autre.

La femme a entouré le cou du garçon avec un
lambeau de turban qu'elle tord jusqu'à ce que le
patient strangulé bleuisse et laisse jaillir sa langue
hors de sa bouche.

Alors, la tortionnaire lui asperge le visage d'un
peu d'eau et lui frotte la tête avec des pierres.

Pourquoi ?

Parce que le soleil lui a fait mal...

Les Nomades raillent la terreur des gens sédentaires qui, cette année, pour se préserver du pillage des errants, mirent de laides et lourdes portes
à chaque rue des villages.

— A quoi servent les portes et les murs puisque
les chefs des Ksouriens sont à vendre quand nous
voulons acheter leur aide et leur silence !

— Nous sommes la force et l'épouvante. Une fois, un enfant nomade apparut brusquement devant le déïra Hammada qui saisit sa carabine avec les mains de la peur ; — cependant, il n'y avait là qu'un enfant sans sandales en présence d'un homme armé et monté sur un cheval noir. Les muletiers de montagne n'osent pas descendre au désert quand nous y sommes. Pour un buisson de « djel » que nous allumons dans la nuit ou afin de chasser les djenoun de l'aube, le vide se fait à une journée de marche !

Celui-ci va mourir qui est un des aïeuls de la tribu dispersée aux vents de l'adversité et dont quelques haillons de tentes restent autour de lui.

Le sol porte encore la trace du piétinement des anciens troupeaux.

L'aïeul demeure seul, là, épave de la dispersion, seul avec cette créature imbécile qui fut son épouse, avec ce gamin, indifférent survivant des fils de ses fils morts de misère, avec cet ânon galeux de l'échine duquel il vient de se laisser choir.

Des lambeaux de bernous cachent mal sa nudité lamentable. Son corps participe déjà de l'effritement de la terre et de l'aridité des ruisseaux creusés, et de la rigidité des branches de tamaris desséchés.

Il ne peut plus parler.

Et que dirait-il que le Sahara ne sache depuis toujours !

Il s'étend sur le sol, étiré comme un cadavre. Ses jambes noircies ressemblent à du bois mort.

Il lève vers le ciel un index qui vacille et atteste le Créateur vivant. Ses yeux noyés d'infini et de lassitude roulent sous des paupières figées. L'ultime pensée qui s'évade en souffle agonisant sur ses lèvres exsangues, proclame encore la formule de sa foi en la bonté compensatrice du Dieu unique, le Clément et le Rétributeur.

La femme et l'enfant qui doivent survivre regardent autour d'eux le vide immense et familier.

Près du vieux moribond, l'ânon chétif et harassé se couche sur la terre si sèche où la moisson ne put germer...

A Aïn-el-Guettar, entre les anneaux stupéfiants que le cour de l'oued el Arab décrit dans la steppe, là où passait la voie romaine de Badias à Fythe (qui sont Badès et le territoire d'El-Faïd), quelques Nomades ont des maisons de terre et des femmes au visage asiatique avec de durs cheveux noirs coupés en frange raide sur le front.

Parce qu'une fois, une seule fois, une Européenne apparut dans ce lieu, deux de ces femmes, — Khatout et Zaroura, — dirent :

—Regardons bien celle-ci pour faire des enfants semblables à elle.

Ainsi elles eurent deux enfants aux yeux pâles et aux cheveux légers...

Dans la forêt des tamaris qui sont le bois du foyer, le pâturage des troupeaux, la charpente simplifiée des tentes, la carcasse des palanquins, la civière et le berceau, une poignée de demeures flottantes est jetée au hasard.

Leur couleur se confond avec celle des feuillages de ces tamaris grisâtres et couleur de rouille dont les têtes mutilées dépassent à peine la hauteur des tentes.

Seul, l'aboîment des chiens féroces révèle au passant qu'il y a là un hameau mobile.

Des bosses de dromadaires pointent au-dessus des branches comme de petites collines mouvementées. Des ânes se rassemblent paraissant surgir du sol entre les touffes. Les chiens formidables, attachés court aux piquets, grondent à la manière des fauves. Sur les tentes sèchent des sauterelles bouillies. A des cordes de poil pendent des lanières de viande exposées au soleil.

Et voici tout un petit peuple sauvage dont les femmes sont jeunes et si jolies, dont les enfants sont beaux et robustes et les hommes vigoureux, tannés et assouplis par le désert.

Sur eux règne une admirable et vieille Barbare, veuve de leur ancien chef. Elle est grande, maigre et pleine d'aisance. Sa figure est de noble race sous le désordre de la coiffure, un turban lacéré qui se confond avec les mèches de cheveux teints. Elle a des anneaux d'oreille plus larges que des bracelets de cheville, alourdis de perles de corail grosses comme un œuf d'outarde, bijoux fabuleux dont se parent aussi les autres femmes, joyaux d'un autre âge pris aux sarcophages des Salammbo ou au trésor des khalifes.

Vers les confins de la forêt de tamaris, au bord de la steppe que boursouflent à peine les buttes antiques des deux Tennouma, une tente isolée est celle du cheik Messaoud, berger du troupeau humain des Bou-Hadidja nomades.

De loin, quelle que soit la piste suivie parmi les mille et une qui cinglent ou circulent entre les troncs noueux et tortus, les robustes branches brisées qui, sans les ravages des hommes et des bêtes, mettraient leur ombre au-dessus des cavaliers, de loin, on voit flotter un mince drapeau tricolore. Sa hampe fragile et si haute est plantée devant la tente du cheikh, ancien spahi ; signe de ralliement dans la solitude pour les sujets épars de ce roi des troupeaux.

Quand nous revenions de Tennouma, — qui est un amoncellement de menus débris attestant la vie du passé, — quand nous revenions par la steppe déroulée dans le crépuscule, ayant franchi cette « seguïa du paradis » privée des eaux vivifiantes que la montagne sans nuages ne donnait plus, ayant affronté des tamaris plus épais et moins mutilés autour de la hutte tombeau de Sidi Embarek Saïm, ayant évité l'obstacle et le piège des sépultures fouillées par les bêtes rôdeuses de la nuit, mal défendues par des buissons épineux contre la faim du chacal, quand nous avions franchi l'oued-el-Faïd qui est toujours l'oued-el-Arab sans fin, le drapeau tricolore n'avait pas cessé de nous guider.

Et, soudain, nous possédions des âmes de conquérants, comme si ce chiffon de couleur, esprit flottant et frémissant de la Patrie, c'était nous qui l'eussions planté tout à l'heure au sein de terres nouvelles.

Ah ! gloire facile et complète des beaux soirs uniques d'isolement et de liberté !...

Les Oulad-Amor sont les plus grands d'entre les pasteurs des vastes territoires d'El-Faïd.

Seul ce vieillard, aux prunelles aiguës et dorées d'oiseau rapace, seul cet étrange poulain capricant et hérissé qu'il monte, peuvent reconnaître parmi toutes les pistes la piste étroite et légère qui conduit à leur campement.

Un patriarche au manteau rouge galope à la rencontre des « hôtes de Dieu ». Son ardente jument est blanche. La vitesse de cette buveuse d'air et de sable est celle de l'eau des crues.

Cheikh Z'ribi, te reconnaîs-tu ?

Ta large tente d'hospitalité est accueillante de toute sa laine épaisse et noire et des tapis royaux tissés par les femmes patientes. Des feux, dont dix serviteurs entretiennent la flamme, veillent autour d'elle pour la défendre des malfaisants et des esprits errants favoris des ténèbres.

Les étalons, dont le sabot est lié à la corde, hennissent aux cavales libres. C'est ici l'espace où le cheval est roi sur le dromadaire et préféré.

Les femmes de la tribu qui bavardent, accroupies par groupes, ressemblent à des tas de laines teintes. Celles qui vont d'une tente à l'autre tente, drapées de rouge, un voile noir tombant de la tête aux talons, sont pareilles à l'oiseau « hammir touarf » qui ne se sépare jamais des Nomades et voltige à leur suite de contrée en contrée.

Les enfants sont agiles et bondissants comme les poulains d'une année.

Les bernous blancs des kebar de chaque fraction défient la blancheur de la monture à cheikh Z'rili.

Les Oulad-Amor sont les maîtres des coursiers rapides. Ils sont une tribu noble de cavaliers.

Les Oulad-Amor sont turbulents et généreux.

Mais, — par Sidi Ali ben Djefal[1] ! — ils tardent bien à payer l'impôt pour la France ! Ils tarderont aussi longtemps que les Troud et les Souafa leur donneront le mauvais exemple, aussi longtemps que tardera la pluie attendue, car cette année est dure et maudite et les juments sont restées stériles !

1. Saint du territoire d'El-Faïd.

LA PLUIE

Elle est venue.

Elle filtre à travers les nuages inégaux qui traînent, se joignent, se disjoignent, dans un ciel qu'ils voudraient fuir en hâte s'y sentant dépaysés.

Du haut des montagnes enturbannées de neige, ils ont glissé sur les oasis et courent vers l'Est se perdre parmi d'autres brumes lointaines levées de la Méditerranée. Mais derrière eux des nuées nouvelles se forment, s'accumulent, voyagent, et la pluie ne tarit pas.

Les palmeraies lavées sont d'un vert glacé qui les rend artificielles et fausses comme dans un tableau de barbouilleur.

Les villages de toub fondent en rigoles de boue jaune.

Les dromadaires, apeurés de sentir sous leurs pieds mous un sol visqueux, giclant, où tout provoque et rien n'arrête la glissade, balancent leur long cou avec des oscillations de pendule. Leur poil laineux se hérisse. Plusieurs sont tombés, se sont embourbés tout entiers et ressemblent à de fantastiques figures sculptées dans l'argile ou le grès, diaboliquement animées. Sur l'un deux plus frissonnant, plus hérissé que les autres, ondule une affreuse vision de grands membres sanguinolents et souillés, de quartiers de chair velue, une tête coupée dont les yeux restent beaux et insondables ; — ce sont les débris de l'un des hauts porteurs inquiet, malhabile ou prédestiné qui s'abattit dans la boue mauvaise, écrasé sous la charge, les os rompus, les os de son fragile squelette d'animal saharien ; — les caravaniers l'ont saigné, dépecé et l'emportent pour le vendre dans quelque village métis affamé de viande. Sous le poids de son frère de peine et de voyage, l'autre dromadaire avance plus lentement, troublé d'obscure épouvante dans son instinct de bête qui subit sans discerner ; il avance, dégoûttant de sang et de fange, avec ces horribles choses mortes oscillant sur le bât et contre ses flancs.

Parfois une femme passe dans les ruelles propices aux chutes. Le cliquetis intermittent de ses anneaux rappelle un tintement de clochette d'argent fine et triste, qui rythmerait en fantaisie doucement démente des heures de monotonie, d'incertitude et de désenchantement. La femme, maladroite à préserver son vêtement du contact du sol détrempé, laisse pesamment traîner derrière elle les plis mouillés de ses draperies.

Les chiens grelottants n'interrompent le silence des terrasses que par des aboîments plaintifs, hachés

entre les dents, ou par le cri hurleur et prolongé
dont ils déchirent les nuits de lune et de mort.

Dans les ouad, un peu d'eau roule sa chanson sur
les cailloux salis.

Ce vaste pays de chaleur et de lumière reçoit la
pluie comme une catastrophe, rare, brève, mais
complète. Il semble même que tous les êtres vivants
qui la souhaitaient comme une bénédiction la sup-
portent comme un châtiment.

Des enfants jouent dans l'atrium d'une maison
d'argile.

Ils circulent et piaillent tels des moineaux
autour d'une vieille servante. Ils barbottent dans
la seguïa qui traverse l'atrium. Les garçons pétrissent
des calebasses qu'ils lancent avec violence contre le
sol où elles s'écrasent produisant des bruits de bom-
bes. Les filles modèlent la boue en plaques qu'elles
cisèlent avec l'ongle et incrustent de morceaux de
verre. Elles les font sécher au soleil, puis les enfi-
lent sur un brin de laine, les alternent avec d'autres modelages en forme de dents ou de poissons
pareils à ceux des colliers d'or des femmes. Elles en
ornent leur col menu et la suite de leur jeu les
détruit.

Une d'entre elles veut imiter les courtisanes et
mime leurs danses d'amour. Au rythme d'une chanson légère et crue et de souples battements de
mains, la digne servante accompagne et excite la
danseuse.

Et pour ne point permettre d'oublier que toujours s'affrontent la vie et la mort, voici un chant de funérailles en réplique aux voix de la vieille et des enfants.

Dans le petit cimetière nomade abrité contre l'oasis, des Errants poussent un dromadaire. Sur la bête, un corps humain flotte, à peine enlinceuillé, plus lugubre d'être assoupli par la corruption.

Le dromadaire se couche.

Les ensevelisseurs creusent la fosse avec leurs mains que l'argile saturée d'eau englue.

Le chant funèbre n'est plus qu'un bourdonnement de prière.

C'est fait.

Il y a une boursouflure de plus parmi les bosses de terre anonyme.

Celui-là qui s'est battu toute sa vie nomade dort son sommeil dernier dans la boue, comme nos soldats qui se battirent une saison...

Les Errants s'en vont poussant le dromadaire passif.

L'émir Abd-el-Kader a dit :

« La mort est une contribution frappée sur nos têtes.

« Tournez l'encolure de vos chevaux et reprenez la charge ! »

JOURNÉE

L'Avril au désert faisait oublier la guerre. L'Avril au désert était calme et beau. La terre des « zeitas » fleurissait et les sauterelles d'invasion s'accouplaient sur les sables.

Les gens de Chetma dormaient à l'ombre des ruelles. La première grande caravane passait devant l'oasis rousse de Sidi-Khelil. Insoucieuse des jardins de grenades et de henné, des palmiers profilés contre la montagne, de la haute kasbah de toub blanchâtre à trois étages de meurtrières dominant les palmeraies, de la riche maison de Ben Noui le juste, maître de l'oasis et des habitants, — insoucieuse des femmes cachées et des jeunes gens fortunés qui causaient sur la place, une fleur au turban, — elle passait.

Ses femmes offraient leur figure sauvage aux yeux qui menacent et qui invitent. Pour empêcher leurs chiens de mordre les Ksouriens craintifs, elles les prenaient à deux mains par la gorge, les soulevaient de terre et riaient des hurlements étranglés en râles par leurs doigts nerveux. Des enfants teigneux, tête nue, animaient le bât des ânes et des dromadaires. Parmi le sable flambant au soleil de midi, cette foule inconsciente et allègre secouait d'éternelles et nobles guenilles.

A travers la « hamada » pierreuse, une piste montait vers Foum-el-Guerza et le djebel Guechrich.

Un champ de blé brûlé par la sécheresse, deux huttes longues et basses, c'est ce qui restait de ce vaste chantier dont les ingénieurs et les ouvriers réalisèrent le barrage définitif de l'oued el Abiod et le canal qui porte l'eau précieuse à travers la steppe jusqu'à l'oasis déshéritée de Sidi-Okba.

Des femmes se montrèrent, superbes, nomades sans tribus devenues sédentaires. Une vieille roussie au feu de tous les sabbats, une autre drapée de blanc avec un enfant doré porté au creux de ses reins, une autre encore toute jeune et hardie, parée d'argent, vêtue de bleu, et qui fleurissait la détresse du champ de blé. La porteuse d'enfant avait une belle et puissante figure cicatrisée de coups de couteau.

Par des vallonnements de pierres croulantes, par les aspérités des contreforts de la montagne, les deux premières femmes, d'une allure caprine allaient à Foum-el-Guerza, la gorge. Devant les difficultés du sentier, la vieille hésitait souvent. Celle au vêtement blanc avançait d'une allure confiante et accoutumée. A quels rendez-vous illicites était-elle déjà venue en suivant ce chemin ou des chemins pareils ? De quel rapide et savoureux baiser de fraude était né l'enfant doré ? D'un geste charmant et amoureux encore, à cet enfant qui ne demandait rien, elle tendait des brins de lavande sauvage cueillie au passage.

Le fond de l'oued s'offrait dans un éblouissement de soleil, de blocs blanchis et de lauriers-roses.

Le vieille s'engagea dans le couloir d'une grotte. On entendit sa voix chantonnante et incantatrice mêlée à un grand murmure d'eau.

Au-delà d'un monstrueux hérissement de fers tordus et embroussaillés, sur des débris de murailles désagrégées, rompues, — reste de l'ancien barrage emporté par les crues, — un formidable mur de ciment lisse, en forme de demi-cercle, fermait la rivière d'un pan à l'autre pan des montagnes riveraines. Au sommet du mur affleuré par l'eau transparente, on sondait la gorge tortueuse ouverte dans le roc, pomponnée de feuillages aquatiques et de buissons de câprier.

La femme au visage marqué par la haine et pour l'amour s'aventura sur la crête étroite de la muraille. Elle but dans le creux de sa main. L'eau avait le goût lointain des cèdres du Chélia, des yeuses d'Arris, le goût plus proche des fleurs des pommiers de Mechounech et des herbes d'El-Habel.

Guerza....

Idole du passé berbère, déesse de pierre dont l'autel se dressait sur les collines, parmi les sacrifices abondants !

« Foum-el-Guerza. »

Bouche de Guerza, bouche immense dans le visage de la montagne, bouche de pierre de l'idole de pierre retrouvée, gigantesque, bouche ouverte sur le désert et d'où ruisselle, tel un flot miraculeux, l'eau de salut, de vie et de bénédiction !...

La femme revenait le long du large et profond canal où coulait lentement un filet d'onde limpide.

Soudain, une vague souleva cette onde. Les parois du canal résonnèrent comme heurtées d'un jet de cailloux. Un buisson noir, à demi noyé, courut à la poursuite de la vague. Et, derrière le buisson, apparut un monstre liquide, une vague jaune qui s'avançait irrésistible, épouvantable. Le canal fut subitement plein, bord à bord, du flot vertigineux et de l'argile liquéfiée des grandes crues.

Il avait plu au loin sur les montagnes sans que l'ombre d'un nuage eut traversé le ciel saharien.

Dans l'oued, des cris terrifiés retentirent. C'étaient des femmes et des enfants qui fuyaient. Une autre vague jaune avait franchi le barrage et courant et s'élargissant remplissait le lit de la rivière sèche.

Celle qui était en sécurité sur le bord du canal, hulula des paroles d'allégresse à cause de cette eau nombreuse et fécondante lancée vers la soif du Sahara.

La tiède atmosphère parfumée des senteurs aromatiques du « chîh » se chargeait d'une odeur de marécage et de limon.

Dans Seriana charmante et verte, l'eau déjà

déborde. Le flot de la crue court plus vite qu'un cheval au galop. Et les hommes s'assemblent pour se réjouir et louer Dieu.

Date ancienne : septembre 1849.

L'insurrection des montagnards du djebel Chechar ; un prêtre des Rahmanïa de Khanga-Sidi-Nadji, Abd-el-Ahfid, prêchant la guerre sainte, marchant sur Biskra avec 5000 Chaouïas ; le commandant de Saint-Germain, — dont l'oasis de Garta toute proche conserve le monument funéraire, — payant de sa vie la victoire sur les insurgés ; le merabet fuyant nu dans la nuit et se réfugiant à Tunis.

Ce fut ici.

Mais Seriana si paisible a tout oublié.

Un vieillard qui pétrissait le mur de son jardin avec sa bêche et ses pieds nus s'interrompt pour prier entre les tombes du cimetière ensoleillé. Une fille drapée de rouge qui cueillait des fèves dans un verger se met à chanter éperdûment. L'eau jaune et rapide élargit son flot à travers les terres.

Au milieu de labours effacés par les troupeaux, s'isolant à la fois de la plaine et de la montagne, voici Thouda groupant ses maisons sur une éminence, boursouflure rare dans la steppe unie.

Autour, ce sont les scènes familières du dépiquage, le chaud entassement des gerbes, les épis foulés au trot des chevaux et des mules. Des hommes blancs se meuvent avec lenteur. Un poulain

noir broie du blé sous ses dents gourmandes.Loin,
à l'est de la nappe des moissons encore debout,
s'espacent les tentes nomades des Selmïa et des
Khoudrân. Au nord-est, derrière Seriana et Garta,
les derniers contreforts de l'Ahmar-Khaddou et
ceux du djebel Guechrich, le koudïat Bezzaz et le
koudïat Zerzour, sont plus roses que l'Ahmar-
Khaddou même.

Dans la cour du sanctuaire appelé « djamâ kedi-
ma », — le temple ancien, — est un puits profond, si profond, à la margelle archaïque sur la
quelle se penchèrent les filles romaines, et leurs
esclaves, et tant d'autres aïeules d'autres peuples
qui vécurent ici !

Le tombeau arabe du sanctuaire voisin,très humble, porte à son flanc la majesté d'une superbe
colonne redressée. D'autres colonnes, couronnées
encore de leurs chapitaux, pointent vers le ciel qui
régna sur tous les siècles. Près de l'écroulement
d'un mur de toub s'entassent de plus nobles ruines.
Les murailles des logis d'aujourd'hui ont emprunté
tous les débris de ceux d'autrefois.

Et voici, sur la face ouest de Thouda nouvelle,
le vaste emplacement de l'antique Thouda, la
Thouboutis de Ptolémée, l'Oppidum Thendense de
Pline, la Thabudéos de Peutinger, la Tehouda
d'El Bekri, celle dont il est écrit :

« Elle est aussi nommée Medinàt-es-Shir, — la
ville de la magie. — Elle est entourée de champs
cultivés, de dattiers et d'arbres à fruits. Elle pos-

sède de grandes richesses. Tout autour règne un faubourg entouré d'un fossé. Dans l'intérieur de la ville on voit un beau « djamê » et plusieurs mosquées, bazars et caravansérails. Du côté du nord, elle reçoit une rivière qui descend du mont Aourès[1]. Les habitants sont des Arabes dont quelques uns appartiennent à la tribu de Koureich. Lorsque la guerre éclate entre eux et leurs voisins, ils font couler l'eau de la rivière dans le fossé qui entoure la ville. A l'intérieur de la ville, il y a un puits qui ne tarit jamais et dont la construction remonte à une haute antiquité. Les habitants de Tehouda ont pour ennemis les Hoouarâ au nord de la cité. Ils professent la doctrine des habitants de l'Irak, — qui est le rite hanefi. Dans les environs, on compte plus de vingt bourgades ».

O Thouda, combien peu te reste de cette gloire et de cette fortune médiévales !

Et Cheikh ibn Hancheb, l'autorisé, a laissé en tradition ceci :

« Notre saint Prophète défendit aux siens de prendre pour demeure la localité maudite appelée Thouda. Il disait : — « On y tuera plusieurs hommes de mon peuple pendant qu'ils seront à combattre dans la voie de Dieu. Leur récompense sera la même que celle des martyrs de Bedr et d'Ohod. »

---

1. Thouda possédait alors la totalité des eaux de l'oued-el-Abiod.

Histoire et légende.

C'est ici, au temps où n'existaient ni l'oasis de Sidi-Okba (plantée au commencement du xviie siècle) ni celle de Garta, ni celle de Seriana, que fut tué par les Berbères et par les Romains chrétiens réunis pour une commune vengeance, Okba ben Nafa, conquérant hautain et magnifique.

De lui et de ses compagnons il est écrit :

« .... ils se relèveront de cet endroit au jour de la résurrection, ayant leurs sabres sur leurs épaules, pour se présenter ainsi devant le Tout-Puissant. »

Okba était parvenu jusqu'à la « Mer Environnante » qui est l'Atlantique. Il y entra ; l'eau atteignit le poitrail de son cheval ; puis il reprit le chemin de l'Ifrikya. A mesure qu'il s'en approchait, ses compagnons de conquête le quittaient troupe après troupe et lorsqu'il fut parvenu à Tobna ceux qui restaient encore avec lui obtinrent la permission de s'en aller. Un petit nombre seulement ne l'abandonna pas. Il arriva près de Touda... Alors, l'armée romaine qui l'attendait se mit en mouvement sur les conseils de Kouceila, pendant que les contingents berbères approchaient pour la rejoindre. Il savaient que les forces d'Okba étaient dissoutes. Okba les voyant avancer en ordre de bataille, brisa le fourreau de son épée ; ses compagnons firent de même et ils moururent tous en combattant...

Or, voici ce qui demeure :

Un champ jonché de briques brisées et de fragments d'amphores, — un pan voûté de thermes —
les vestiges d'un mur d'enceinte, — une maigre
palmeraies, — un hameau de gens pacifiques pour
lesquels le mot de guerre n'évoque rien.

BATOUCH

Curieuse figure.

Il est drapé d'un morceau de manteau brun et d'une partie de chemise dont la couleur participe de la terre, des puces et de toutes les souillures.

Il y a quelques mois, ayant rencontré l'auteur de *The Garden of Allah*, — auquel il fournit jadis l'un de ses personnages, — il se trouva subitement riche d'un gros billet bleu. Alors nous le vîmes vêtu d'une longue palatine doublée de fourrure, achetée chez le brocanteur juif du souk.

Il courut ainsi les chemins, violentant les cordes rouillées d'une mandoline pour accompagner le rythme étrange de ses poèmes.

Le lendemain il était plus pauvre que jamais et quelqu'un lui avait pris la palatine fourrée...

Son nom est Batouch.

Son ossature est d'un Soudanais ; son teint d'un métis saharien qui serait pâle. Il salue avec la noblesse d'un agha. Ses yeux opaques, qui furent malades, semblent ne rien voir et distinguent tout.

En un français parfait, avec des recherches grammaticales, il raconte qu'il vint du Maghreb et se fit guide. Une étrangère l'aima. — (Il trouve la chose naturelle et juge inutile d'insister sur ce paragraphe de sa biographie.) Quand l'étrangère, à la fin de la saison hivernale, dut quitter Biskra, elle laissait au favori une somme suffisante pour le faire vivre plusieurs années ; mais elle le priait d'aller au Caire étudier les sciences islamiques avec les maîtres d'El-Ahzar.

Batouch affirme avoir obéi, rapidement acquis le savoir, puis, s'être ruiné à chercher parmi les Européennes faciles une ressemblance de son premier amour occidental. Après quoi, il se fit rapatrier.

Maintenant, sa vie se passe à composer des manuscrits bizarres.

— L'inspiration me visite chaque jour à l'aube, dit-il.

L'ensemble de son œuvre tient dans une collection de cahiers d'écolier remplis de ce qu'il appelle des vers français et des tragédies cosmopolites.

Ceci, sous le titre « Sonnet », est dédié,
« A André Gide, mon illustre confrère et ami. »

> Mon cœur....
> Certes, j'en meurs !
> O Douleur !...
> Une fleur ?
> J'ai peur.

Possèdes-tu un dictionnaire de rimes, ô Batouch ?
— Non. Tout est dans mon cerveau magnifique.

Mais j'ai eu de savantes amitiés ; Toulouse-Lautrec et d'autres.

— Tu nous parais bien jeune !...

— Certes, je parais tel un jeune homme. Cependant, je n'ai pas d'âge. Je suis de tous les temps, surtout de celui à venir.

Les marges des cahiers contiennent des dessins de mosquées à l'encre rouge ou violette.

— J'ai retrouvé le mode et la couleur des anciens scribes, explique l'auteur. Ces images seront éditées avec des lieds égyptiens que j'ai composés à l'heure matutinale. Ce sera l'œuvre inimitable. Et lisez cette chanson ; — elle est d'une langue pure comme les plus beaux poèmes des Mouallakat. C'est la plus fine qui existe.

La dite chanson est écrite en arabe :

> Il y avait cinq princesses,
> Savoureuses comme le lait de la chamelle,
> Douces comme les dattes en hiver,
> Pensives comme le palmier isolé.
> Elles étaient deux aux mains tatouées,
> Une Anglaise généreuse,
> Une Française à la bonne salive,
> Une Soudanaise ardente.
> Il y avait cinq princesses
> En vérité...

— J'écrirai plus tard ce que firent les cinq princesse. Voyez cet autre cahier consacré à Mme de Sévigné que je félicite de son génie. Je vous livre aussi un secret : j'ai fait un *poème algébrique* dans lequel la première rime ne se retrouve que de deux en deux pages et la seconde de trois en trois. N'est-ce pas génial ?

Mais il ne permet pas de voir cette chose étonnante renfermée dans un sachet de cuir, contre sa poitrine.

Brandissant un cahier intitulé *Celui de la Lune Rouge*, il signale un dessin qui doit devenir « *un modèle pour l'art français* ».

— Un poète est infailliblement un peintre, dit Batouch.

Et, la voix émue, pathétique :

— Voici maintenant le secret de mon cœur et de mon cerveau.

Il lit :

« Lettre pour chaque femme aimée.

« Mes larmes sont tombées comme les pluies torrentielles.

« Elles sont tombées les larmes...

« Mes journées deviennent des abeilles sans miel.

« Ma Dame était la clarté de mes yeux, la valeur des yeux du monde.

« Naturellement on a le pardon pour les yeux qui pleurent...

« La taille superbe s'est éloignée.

« Après la salutation sans nombre des ombres et des ombrages, je commence à voir le mépris du monde et je commence à devenir de plus en plus fin et menu comme le fil de la machine à coudre.

« Vous n'avez pas seulement possédé mon cœur,
vous avez possédé mon âme.

« Ainsi sont les âmes des tourterelles près du
chasseur.

« J'ai pensé à toi quand j'étais une île isolée dans
la mer.

« Ma pensée a dépassé tout ce que les autres ont
pu penser dans la douleur.

« Et pour dire le dernier mot, Madame, je me
trouve roi !

« La nature ne vous produisit que pour moi.

« Je me laisse souffrir et la brise du désert me
jette parmi les régimes fleuris, mère accueillante.

                              « Le Mahdi ».

— On ferait vraiment l'impossible pour trouver
une lettre semblable. Elle ne pouvait émaner que
de mon esprit.

— Pourquoi signes-tu : Le Madhi ?

Le poète haillonneux plus que Glatigny redresse
sa haute taille. Hors de ses guenilles, son bras nu
élargit un geste superbe :

— Le Madhi, c'est moi. Je serai le maître du
monde. La parole est écrite ! Je suis né au pays de
Sous-el-Akça qui est le lieu prédit pour la naissance du Moul-es-Saâ, maître de l'heure. C'est moi
qui ressusciterai l'Islam et délivrerai les Croyants
de l'Allemagne et de la Chrétienté.

— Que feras-tu de nous ?

— Je vous noierai dans les seguïat, car vous

êtes la race coupable qui ferma la porte d'Occident aux envoyés de notre seigneur Mohammed.

— Bien, Batouch. A quand ton avènement?

— A l'heure où vous aurez oublié mes paroles.

Il s'éloigne, d'un pas tranquille, majestueux, comme déjà drapé dans le manteau de sa puissance.

On le retrouve parmi les courtisanes, ivre de kif et d'amour.

O Batouch l'égaré, Bathouch, vigoureux garçon de haute taille et de larges épaules, ferais-tu pas mieux de t'engager et d'aller te battre ?

Il brandit avec défi sa petite pipe de fumeur et crache la parole méprisante :

— Bon pour la racaille, cela !

Evidemment, si la chronique est vraie, André Gide fut une manière de malfaiteur sans le savoir.

Cette chronique, au chapitre contemporain de Batouch, rapporte qu'un jour d'entre les jours, deux hiverneurs, mère et fils, séjournèrent à Biskra.

André Gide, — c'était lui, — rencontra Batouch parmi les pullulants gamins de l'oasis. Il avait le charme de tous ces sauvageons à peau foncée qui n'ont d'autre vertu que la gaîté, d'autre intelligence que la malice.

Comme une mouche opiniâtre, Batouch s'attacha à l'hiverneur qui bientôt le présentait à sa mère. Celle-ci, maternellement, dut s'attendrir sur ses yeux d'encre et de lumière, sa jeunesse, ses gamineries. L'enfant Batouch, graine de métis oasien, fut adopté,

On l'emmena à Paris.

Nous connaissons les résultats d'une éducation occidentale dans ces sortes de têtes. C'est comme si, ayant semé du froment, on récoltait de la moutarde.

Batouch quitta bientôt ses bienfaiteurs pour mener une vie aventureuse. Quelques-uns nous dirent même l'avoir connu chez un notaire à Epinal ! Lui s'en souvient vaguement quand il n'est possédé ni par le kif ni par l'inspiration.

Il reparut à Biskra avec toutes les qualités requises et améliorées pour le mensonge, le larcin, le jeu, l'alcoolisme et la débauche. Cela lui constitua de remarquables aptitudes au métier de guide pour touriste.

Et voilà comment un petit vaurien arabe qui pouvait devenir un homme rangé, fut un être démarqué, compliqué de plusieurs vices européens juxtaposés à ses mauvais penchants naturels, une unité perdue pour l'Islam et superflue pour la civilisation.

Aujourd'hui, Batouch est un paria auquel on jette un morceau de pain et dont on s'amuse.

Avec le kif et l'absinthe, cela, doucement, l'a rendu fou.

Debout parmi les ruines de terre d'une maison effondrée, guenilleux et magnifique, ivre, Batouch lit ce qu'il dénomme « sa » traduction de Saïd ben Laïazine.

En prologue, il annonce que ce monument littéraire dépasse en valeur et en beauté les Mille et Une Nuits. Il n'est traduit dans aucune langue.

— Je ne possède pas le texte original, avoue le poète, mais ma mémoire est plus fidèle qu'un livre. Il y a même des choses que j'ai complétées.

« Et autrefois, le noble Saïd fils d'El-Aïazine, était grand. Il comptait parmi les descendants d'Abraham. Son père était un grand roi, bien que n'étant pas né de souverains légitimes. Il avait gagné son trône par la guerre, et la puissance des armes rend plus orgueilleux que la naissance.

« Quand Saïd fut roi à son tour, il déclara :

— « Je suis le plus grand d'entre les hommes. S'il en est un seul qui approche de ma valeur, qu'il se fasse connaître ou que mon vizir ose me le nommer.

« Et le vizir, sachant que près des plus puissants l'audace et la témérité valent parfois la bassesse et la flatterie, eut le courage de répondre :

— « Il est un homme en Syrie, ô notre seigneur admirable, qui n'a pour toi pas plus de considération que si, au lieu d'être « Seïd[1] », tu étais de la moelle de moucheron.

« Et le roi dit :

— « Partons. Je vais faire la guerre à ce chien.

« Il partit donc pour le pays d'Yémen.

1. Jeu de mot sur le nom de Saïd, seïd signifiant « lion ».

« Il gagna la Mekke, — et son vizir le suivait
fidèlement, enchaînant les discours hardis, subtils et
agréables, qui sont à l'esprit ce que le chasse-
mouche est au visage.

« A la Mekke, ce vizir intelligent se mit à genoux
devant la kaâba. Il baisa le sol et pria.

« Quand il eut terminé, Saïd ben Laïazine surpris demanda :

— « O toi, le plus sage et le plus effronté d'entre
mes conseillers, le vent de ce pays se promène-t-
il dans ta tête à la recherche de ta raison ? Je ne
te vis jamais agir de la sorte. Y a-t-il donc là un
Dieu et un autel ?

— « Oui, mon seigneur. Il y a un Dieu maître de
ce temple. Il a créé les cieux et les yeux. Et c'est
son Envoyé devant lequel ta gloire n'est pas ».

— Et cela est assez pour cette heure, conclut
Batouch redescendant de son piédestal en ruine.
Ma mémoire, à ce point du récit commence à fail-
lir, — et c'est une œuvre si parfaite qu'on peut y
ajouter, mais qu'il serait criminel d'y retrancher.
Je me recueillerai pendant mon inspiration quotidienne et vous révélerai le reste plus tard. En attendant, *mes maîtres*, que la bénédiction soit sur
vous par le Mahdi.

FAFANN ET DJELLALI

Au maître *J.-H. Rosny*,
à Madame *Rosny*.

Laisse à de plus audacieux le soin de s'élancer dans les abîmes dangereux de la gloire et contente-toi d'une vie modeste et obscure.

(El-Touraï.)

Lorsque le monde vous aura perdus, ô fils de Barmak,
On cessera de voir les routes couvertes de voyageurs,
Au lever de l'aurore
Et au coucher du soleil

(Abou-Nouâs.)

FAFANN ET DJELLALI

Couleur de vieux bronze patiné de souillures de terre, doré de morsures de soleil, — des yeux noirs mouillés et sans éclat, pareils à ceux des dromadaires, — le geste lent, une passivité animale imprégnant la face marquée du prognathisme de certaines races africaines, Djellali, fils de Mousfa.

Un « Rouari », Djellali, né parmi les métis sédentaires des oasis de l'Oued-R'hir.

Il ignorait qu'aux temps quaternaires, cette région, le plus grand bassin artésien du bas Sahara, eut été l'affluent d'un grand fleuve qui, souterrain depuis des siècles, laissait aujourd'hui l'industrieux besoin des hommes égrener sur son parcours des puits et 125 kilomètres de palmeraies, d'Ourir à Blidet-Amor.

Il ignorait que les premiers habitants du pays étaient peut-être des Juifs venus de Khaïbar, plus tard convertis par les Beni-Hachem, doux et beaux entre les conquérants d'Islam. Plus tard encore, fut révélé que la tribu berbère des R'hira s'était établie là, « bâtissant des villes et des villages sur les bords d'un ruisseau coulant de l'ouest à l'est, couronné de dattiers. »

Qu'importait à Djellali et à ses proches que ces R'hira eussent été « azzaba », —c'est-à-dire oua-habites professant l'hérésie des gens du M'zab, — puis ramenés aux sources plus pures de la religion d'Allah par les disciples d'un chérif marocain!

Son entourage savait à peu près que les Rouara[1] dont ils étaient et qui peuplaient les oasis de cette vallée saharienne avaient dû naître du commerce des grands pillards et seigneurs arabes avec des esclaves noires razziées aux confins du Soudan.

Son premier vagissement salua le foyer paternel encombré de trois épouses. La mère mourut; elle était si jeune ! Le sable fut doux à son corps mar-tyrisé ; deux palmes séchèrent sur sa sépulture nivelée.

Djellali s'allaita aux seins indifférents de ses marâtres et des voisines.

Il grandit en tout semblable aux autres métis sédentaires qui peuplaient l'oasis de leurs gestes laborieux, — soit qu'ils travaillassent dans les pal-meraies industrielles des Français, soit qu'ils fissent bonne garde dans les jardins sauvages apparte-nant aux riches Nomades.

Vêtu d'innocence, Djellali participa bientôt à la vie active des Rouara ses frères; Il suivait les hom-mes qui dès l'aube maniaient la bêche à manche court, retournaient la terre salée, transplantaient

---

1) Pluriel de *Rouari*, nom de ces métis, au féminin *Riria* et *Ririat*.

les rejetons de palmiers, irriguaient les racines
avides, ou, dans le sable et sous le gypse pulvérulent, déterraient le chiendent pour la nourriture de
leurs auxiliaires, les ânes.

Le panache arrondi des palmiers mâles jaillissait
au-dessus du troupeau immobile et serré des dattiers femelles. Au temps de la fécondation, un
Rouari grimpait au faîte du « dokkar » souverain,
l'arbre mâle. Entre les dards acérés des palmes, il
cueillait la lourde grappe des fleurs fécondantes.—
(Parfois, le grimpeur permettait à Djellali de prendre le pollen tombé dans les spathes. Le gamin
savourait la poudre au goût de miel. En revanche,
étant adroit de ses doigts longs et maigres, il con-
fectionnait de minces lanières avec les fibres des
palmes.)— L'homme montait dans les « nakhlat »,
les dattiers femelles, introduisait un brin de fleur
mâle au cœur des régimes prêts à s'épanouir
et, pour que ne puisse s'échapper la poussière
sacrée, liait les régimes à l'aide des lanières de
Djellali.

L'enfant aimait à entendre chanter les travailleurs. Ils se répondaient de proche en proche.
C'étaient des mélopées apprises d'un meddah errant,
des refrains teintés de cette mélancolie vague et
langoureuse qui gîte au fond de l'inspiration arabe.
Ils avaient aussi des chants brefs de lutte ou
d'amour :

> Je te frapperai,
> tes dents grinceront sur de la poudre

et tes doigts s'enfonceront
dans ton ventre ouvert,
et tes yeux rongés saigneront
dans ton visage noirci.
ô félon !
ô imposteur né d'un chacal et d'une hyène !...

En ce temps, elle vint à moi par le jardin.
Son vêtement était entr'ouvert,
sa chevelure dénouée.
Je lui demandai son nom ;
elle assura :
— C'est moi qui brûle le cœur des amants sur la braise.
Je me plaignis à elle de ne pas rencontrer l'amour...

Or les gamins contemporains ou aînés de Djellali le raillaient et le persécutaient parce qu'il était bon. Il acceptait cela comme la dureté de ses marâtres avec une paisible accoutumance.

Un jour, il connut la terreur. Couché sur la terre duveteuse d'efflorescences salines où s'enchassait sa nudité sombre, il recueillait avidement les paroles d'un planteur.

— La vieille Daloula mit de la semoule dans son plat de bois d'olivier. A l'heure ou la lune pleure, elle le porta au cimetière. Je l'ai vue. Les larmes de la lune mouillaient la semoule. Pareille à un chacal, Daloula creusa la tombe de Saâd qui mourut avant-hier. Elle a sorti le cadavre empuanti. Elle l'a assis entre ses jambes. Avec les mains pourries du mort tenues dans les siennes, elle a roulé la semoule du plat humide de rosée et elle en a fait du kouskous, pareil à celui dont nous nous nourrissons. Maintenant, Saâd est enseveli de nouveau ; mais Daloula possède le kouskous immonde. Que celui qui veut empoisonner son ennemi aille en acheter un peu. Elle le vend.

Telle est la coutume des sorcières sahariennes et de quelques nécromans du littoral. Les hommes qui écoutaient le récit ne paraissaient nullement surpris. Ils oublièrent Daloula ou ne s'en souvinrent qu'en temps opportun, mais Djellali conserva un grand frémissement intérieur. Il pensa que ses marâtres et leurs fils étaient jaloux de lui à cause de quelques palmiers, héritage de sa mère, qui lui appartiendraient un jour. Il eut la vision d'une main haineuse mêlant à ses aliments le kouskous maudit et crut sentir son âme se dessécher jusqu'à mourir.

Il refusa la nourriture de la maison paternelle.

Il avait faim et vaguait, l'allure inquiète et lasse.

Sous les palmes, les fleurs de grenadiers piquaient leur rouge sourire. Le long des ruisseaux, les grenouilles coassaient à la nuit proche...

Et Djellali perçoit un tendre gazouillis... A la faveur du clair-obscur il distingue le corps menu d'une fillette nue comme lui. Il voit deux larges yeux malicieux rayonner parmi les feuillages. Surtout il voit deux petites mains noires à la paume rosée qui, prestes, décortiquent des sauterelles.

Une joie balbutiante, une craintive amertume émeuvent le gamin. Il murmure le nom de l'autre enfant nu : Fafann...

Fafann ne répond pas. Ses dents mi-partie brunes, mi-partie blanches, abîmées par le sucre des dattes, croquent voluptueusement le ventre annelé des acridiens.

Le visage implorant de l'autre, le geste de sa main tendue, ont la muette et poignante éloquence des véritables détresses. Mais la dernière sauterelle disparaît sous les dents gourmandes.

Djellali s'accroupit tel un sauvage. Ses bras entourent ses genoux pointus, son menton touche ses genoux.

Savoure-t-il la douleur de son ventre étroit, de ses flancs plus creux que ceux d'un chevreau ? Blâme-t-il l'égoïsme de Fafann ?...

Fafann se leva, passa derrière Djellali, tira violemment la houppe rituelle laissée sur le crâne rasé du petit et s'enfuit sautillante.

Il ne songeait pas à la poursuivre.

Comme il s'en allait à son tour, Daloula la sorcière le dépassa. Il eut un recul, la gorge aride et serrée. La femme s'enfonça dans l'ombre montante qui envahissait la palmeraie...

Le cœur de Djellali s'est remis à battre normalement. Désœuvré, solitaire, affamé, il baille, bras levés, étire son corps où saillent les côtes maigres, puis repose ses mains sur sa tête... Mais son cœur crève de surprise et de chagrin : — le petit coquillage fétiche, indispensable ornement de la touffe crêpue ménagée sur le crâne tondu, le petit coquillage a disparu...

Ce devait être l'œuvre de Fafann.

Djellali se jeta sur le sol et pleura.

La faim le torturait. Alors, quitte à mourir, il revint manger près de son père.

— Pourquoi, ô Fafann ?...

L'enfant rouari reconnaissait son coquillage pendu au cou de la petite.

Elle tira la langue, se contorsionna drôlement et lui tourna le dos.

Dès lors, navré, il voulut l'éviter. Mais pareille à un djinn tourmenteur, elle se retrouvait sur son chemin, l'esprit fertile en persécutions enfantines.

Une fois, elle cueillit des danouns sur la dune. Elle égrena les lourdes fleurs mauves serrées contre la hampe charnue. Elle les enfila sur un brin de jonc, y mêla des épines de palmes et en fit un collier qu'elle traîna dans la boue. Après quoi, sournoise, elle le passa brusquement au cou de Djellali.

Le visage souillé et égratiné, Djellali arracha le collier. Fafann éclata de rire, saisit du sable à poignées et le lança dans les yeux du gamin.

Pour la première fois, celui-ci s'exaspéra. Il bondit. Les deux enfants s'étreignirent. Frémissant de rage, leurs nudités s'enlacèrent. Ils ne proféraient pas un cri ; ils se mordaient la face et la poitrine. La lutte nouait leurs membres, ployait leur échine tour à tour onduleuse ou rigide. Ils s'immobilisèrent, semblables à deux coqs de combat. Les regards rivés l'un à l'autre, les lèvres retroussées, l'haleine brève, ils s'observaient... Soudain, Fafann s'échappa, et, de loin, lapida l'adversaire.

Djellali anéanti par l'effort, triste sans trop savoir pourquoi, battit en retraite. Il gagna un trou de la séguïa où barbottaient d'autres enfants et se plongea dans l'eau pour apaiser la douleur des morsures que festonnait l'empreinte des dents de Fafann.

Djellali devint un homme.

Il eut quinze ans. Sa taille longtemps étique, ses membres grêles s'étaient spontanément développés. Des muscles vigoureux tendaient son épiderme rude.

Fafann restait une petite fille mais s'habillait de draperies bleues qui laissaient encore voir son corps nu de l'aisselle au talon. Ses hanches étroites ondulaient déjà sa démarche.

Elle ne songeait plus à battre Djellali. Elle se bornait à rire de lui avec ses compagnes et les garçons en fringale amoureuse rôdant autour. Elle avait de très beaux yeux de vice et de joie.

Sans vouloir voir ni entendre, Djellali travaillait dans les palmeries d'Ourir et d'Ensira.

A l'heure douce entre la douceur des autres heures, — heure violette et dorée où, tel un appel de musiques guerrières, retentit le braîment des ânes dont le troupeau rentre, heure où la vie dispersée dans les oasis se rassemble devant les huttes, autour des feux de palmes sèches, — à cette heure, sur le sentier du retour, Merïem, l'entremetteuse à la gorge ballottante, au sourire lippu, aux yeux chassieux et pleins de ruse, arrêta Djellali.

— Tu es un homme de bien, ô mon fils. Tu es fort. Que fais-tu de ta vigueur ? La donneras-tu toute à des éhontées ? Heureuse serait ton épouse ! Dis-moi celle que tu veux parmi les fille d'ici et de là-bas.

Djellali ne sut que répondre.

La nuit, sous la pesanteur du silence, il sortit de la hutte familiale. Il s'allongea contre le mur tiède. Un spasme le parcourait et ses lèvres happaient l'air vide. Il se souvint des paroles de Merïem...

Des gens passèrent, chantant, ivres d'anisette et de vin de palmier fermenté. La chanson vibrait furieusement lascive, avec des mots que la raucité des voix soulignait comme d'un râle. Et la chanson fut une voix unique et fauve, clameur du désir humain, souveraine en cette nuit d'oasis...

Djellali se leva pour suivre ces gens qui chantaient....

Au matin, le métis démêlait mal ses souvenirs; mais ses narines pantelaient encore, pleines d'odeurs de fards, d'épices, d'huile rance et de sueurs.

Merïem se retrouva devant lui.

— O Djellali, j'en connais *une* aux petits seins

durs et toute *neuve* ! Le père désire te la donner.

— Son nom ?

— Fafann.

Il ne sursauta pas. Un réveil subit se fit dans son inimitié d'enfant demeurée latente. Il eut la vision de cette *neuve* aux petits seins durs. Il désira, d'un désir mauvais, et se trouva satisfait que l'objet de ce désir fut la sournoise Rirïa persécutrice.

Fafann est la fiancée de Djellali.

Parce qu'elle n'est pas encore nubile, on attendra pour célébrer les noces.

Désormais, les deux antagonistes vivent en paix.

Fafann, flattée et déjà gourmande d'amour comme ses aïeules soudanaises, devient câline. Elle rejoint le Rouari dans la palmeraie et le distrait avec de longs bavardages malicieux. Le soir, pour le retour, elle se glisse à ses côtés. Elle ne l'aveugle plus de sable, mais lui jette à poignée les pétales de roses sahariennes. Et, après avoir voulu violemment Fafann dans un besoin de brutales représailles, Djellali le doux, redevenu lui-même, se prend à l'aimer.

Il fût piqué par un scorpion. Sur la piqûre incisée, on mit du tabac et du poil de chèvre. Le blessé souffrit tandis que la petite fiancée se désespérait en d'intarissables larmes. Cela le toucha à tel point qu'il l'aima doucement et grandement.

Or Mousfa mourut. Djellali hérita d'une part du bien de son père et des palmiers qui appartenaient

à l'épouse morte et quitta la vieille hutte où reten-
tissaient les récriminations des marâtres.

Mais, par le fait d'Iblis le Lapidé, il advint une
épreuve à Djellali.

Son demi-frère Lakhdar et lui allèrent passer la
nuit chez leur camarade Daoui. — Ainsi la destinée
conduit les hommes au lieu de leurs chutes et de
leurs soucis

Ce Daoui était un mauvais drôle, « voleur de
femmes », et le mal s'attachait à sa vie. Une ruade
de mulet avait déformé sa face, l'explosion d'un
vieux pistolet d'arçon emporté deux de ses doigts.
Cependant il pouvait encore chasser les outardes
et les petits lièvres blonds des sables avec de la
poudre et du plomb clandestinement achetés.

Un fusil, — non matriculé, — faisait l'ornement
de sa hutte. Il le suspendait à ces tiges de palmes
enfoncées dans l'argile des murs et qui portent les
régimes gardés après la récolte.

Ils ont ri. Ils ont bu. Puis le sommeil s'est appe-
santi sur Djellali.

Lakdar et Daoui parlent encore.

Une détonation secoue la hutte et le dormeur...
Un cri de douleur atroce... Djellali ouvre des yeux
stupides et brumeux. Il voit Daoui le bras ballant
et broyé, la gandourah éclaboussée de taches pourpres et luisantes. Lakhdar effaré tient le fusil
fumant.

Une des marâtres, — prévenue par qui? —
accourt au bruit.

— Ton fils m'a tué ! lui crie le blessé.

La voix décolorée, Lakhdar explique :

— J'avais pris le fusil pour jouer et je visais Djellali.

La marâtre bondit sur le dormeur mal éveillé :

— Toi ! toi ! que faisais-tu ?

Puis, elle enlace Daoui d'un geste maternel plus pervers que le geste d'amour d'une courtisane.

— Daoui, écoute, ô Daoui ! Ce n'est pas Lakhdar qui t'a blessé. Ce n'est pas Lakhdar qui jouait avec le fusil ; c'est Djellali.

Et tandis que les trois Rouara restent ahuris, elle dit très vite à l'oreille du blessé :

— Il n'a plus son père. Nul ne sera témoin pour lui ni ne pourra le défendre ou le conseiller. Et je te donnerai Lelloucha ma fille, pareille à la braise parmi le charbon. Je la gardais pour un cheikh ; mais je te la donnerai, puisque Djellali a voulu te tuer.

Elle sort.

Sa voix gutturale clame dans la nuit :

— Malheur ! Malheur ! O nous-mêmes ! O notre douleur !

Le trou noir des portes s'éclaire et s'anime de fantômes blancs. Des hommes, des femmes, des enfants surgissent. Et, devant tous, désignant l'innocent qui ne comprend pas encore, Daoui prononce :

— Voici celui qui m'a coupé le bras.

Alors Djellali bousculé s'arrache à son hébétude.

Il veut protester. Les exclamations de sa marâtre et les gémissements de Daoui couvrent sa voix. Il est harcelé de questions, accablé de reproches, écrasé de malédictions.

Des mots l'affolent : justice, beylik, bureau arabe...

Saisi d'épouvante, il prend la fuite.

Il court.

Son allure est celle des bêtes poursuivies. La subite exagération des grandes terreurs envahit son cerveau. Les membres flasques, le cœur chaviré, il s'effondre enfin parmi les grises végétations des bords du chott Merouan.

Mais les rumeurs de l'oasis arrivent jusqu'à lui.

Il se redresse... On vient...

Plutôt que se laisser prendre et traîner au supplice, il décide que mieux vaut mourir volontairement.

Il marche vers le chott. Le vaste miroir s'irradie de lune. Une attirance émane de ses blancheurs bleuâtres aux lointains poudrés de floconnements diamantaires. Ils sont là les deux espaces perfides et tentants des chotts Melr'rir et Merouan, reliés par le canal d'El-Bouïeb, — la petite porte. — C'est le gouffre jamais rassasié ou s'engloutissent les eaux des sources et des crues de l'oued Itel, de l'oued Djedi, de l'oued Biskra et de toutes ces rivières, toutes les seguïat nomades, tous ces fleuves d'une saison qui, de l'Ahmar-Khaddou, du djebel Guechrich, du djebel Chechar et des Ziban roulent au désert. Au terme de leur voyage, dans cette sépulture commune, ils stagnent corrompus, sinistres sous la glace opaque et immaculée de sel et de magnésie dont l'évaporation couvre leur noirceur.

Les pieds de Djellali écrasent les mottes de sel et de sable humide, puis la croûte unie, craquelante.

Il ferme les yeux, fait encore un pas. A petits bruits sournois, le miroir se brise sous son poids. La boue fétide, ensevelisseuse, « *celle qui avale* », le saisit jusqu'aux jarrets.

Ses dents claquent, ses nerfs se tordent. L'horreur de l'enlisement l'empoigne. Il rejette son buste en arrière, se retourne, s'enfonce, s'arrache, rampe sur le ventre. Ses doigts cherchent à agripper d'insaisissables choses. Désespérément, il veut regagner le bord, la vie...

Le soleil brûla le visage de Djellali, le soleil levant.

Il ouvrit les yeux et se trouva couché sur le sable. Devant lui, le chott étincelait. Il considéra ses jambes, qu'il sentait rompues de fatigue, et ses mains souillées de boue noire et de parcelles de sel brillant. Ses facultés engourdies par l'épouvante et par l'effort se réveillèrent. Et, puisqu'il n'avait pas le courage de la mort volontaire, il reprit le chemin d'Ensira.

La justice du beylik décréta que Djellali coupa-

ble payerait les hommes et les bêtes nécessaires à
la victime pour se transporter à Touggourt près
d'un médecin.

Daoui fut amputé. Des complications survenant,
on dut l'envoyer à l'hôpital militaire de Biskra.
Cela coûta un peu plus de trois cents francs. Djellali vendit plusieurs palmiers et mit une main dans
l'engrenage du prêteur. Alors, il accepta de tra-
vailler gratuitement pour tenter de se libérer de sa
dette.

Daoui guéri s'en vint heurter à la porte de la
marâtre qui le renvoya ostensiblement, criant que
sa fille n'était point pour un homme mutilé.

Fafann était femme.

Le fiancé se réjouit des noces prochaines. Ce
devait être après le Mouloud.

La noël d'Islam, la glorieuse naissance du Prophète fut fêtée. Des musiques forcenées ébranlè-
rent les solitudes somnolentes. Le jeu des danses
succédait aux prières et aux ripailles.

Quand la lune pleura sous forme de rosée, Djellali, venu à M'raïer la grande oasis pour voir les
réjouissances, reprit la piste de son village.

Il s'engageait dans la palmeraie pleine du coassement des grenouilles, du frémissement fluide des
seguïat et du grelottement des eaux jaillissantes
retombant de l'étroit orifice des puits. L'écho d'une
jaserie frappa son oreille. Il reconnut un rire, le
rire de Fafann. Il marcha dans la direction de ce

bruit, pensant trouver la métisse et d'autres femmes sur le sentier du retour.

Il écarte le rideau dentelé des vignes sauvages et reste cloué au sol... Sous ses yeux, mêlant leurs souffles haletants de plaisir, à même la couche familière du sable et de la terre souple, Fafann et Lakhdar s'étreignent pour l'amour...

Djellali fût prêt à bondir, à tuer. Mais il n'avait pas son couteau et un mouvement réflexe le retint. Son sang noir domina son sang arabe. Il s'en alla doucement.

Son indignation première devenait surtout une vexation extrême de ce que Fafann eut choisi Lakhdar. Il éprouva l'irrésistible besoin de battre la Riria. Il courut les dix kilomètres séparant M'raier d'Ensira. Peut-être quelques larmes coulèrent-elles avec la sueur qui ruisselait sur sa figure et sa poitrine nue.

Il atteignit la demeure de sa fiancée, prit un bâton et s'assit dans la cour intérieure. Les parents dormaient. L'attente se prolongea... Fafann rentrerait-elle cette nuit?... Un cliquetis d'anneaux d'argent, une chanson fredonnée en gazouillis habituel...

Elle entra. Le poing du Rouari la précipita sur la terre et le gourdin s'abattit. Elle se releva hurlant, sa draperie déchirée sur ses épaules saignantes. Le père et la mère accouraient.

— Vraiment, ô Djellali ! Est-elle déjà ta femme

que tu te fais le maître du châtiment ? La voici toute abîmée, et pourquoi ?

Il répondit, apaisé :

— Certes ! je ne vous le dirai point. Fafann le sait comme je le sais ; cela suffit. Maintenant, gardez votre fille. Je ne la veux plus.

Garée dans un coin, la fiancée répudiée sanglotait.

Les interrogations n'obtinrent d'elle aucun éclaircissement.

— J'ai donné des étoffes et des bijoux à ta fille pour une valeur de cent francs. Rends-moi la somme et que cette chose soit finie, dit Djellali au père atterré.

Le cadi intervint. Mais le métis savait que le magistrat véreux prélevait à la fois la dîme d'argent sur les plaignants et le droit du seigneur sur les filles jeunes et les femmes jolies ; il pensa que Fafann était pour beaucoup dans l'éloquence conciliatrice de l'intercesseur et demeura inébranlable.

Aussi tenaces que durant l'enfance, les persécutions recommencèrent.

Djellali ressemblait à un taureau poursuivi par un taon. Il affectait un calme dédain, mais l'exaspération silencieuse grandissait en lui.

Un soir, des cris de joie éclatèrent secouant l'oasis d'allégresse. Un vol de sauterelles migratrices s'était posé sur les plantations.

Chargés de sacs et d'outres, les Rouara s'égaillèrent dans la palmeraie crépusculaire. Le long du tronc des dattiers où les acridiens s'accrochaient en grappes, la récolte abondante se fit.

Fafann suivait les pas de Djellali. Comme une mélopée, elle susurrait

— Je t'aime, je t'aime, mon amant, ô le préféré!...

Obsédé, Djellali se retourna et, sur le visage qui s'efforçait à lui sourire, férocement, il écrasa sa main pleine de sauterelles.

Le lendemain, tandis que les femmes s'affairaient à faire bouillir, puis sécher au soleil la manne ailée, Djellali prit la longue piste qui conduisait jusqu'à Touggourt.

Il fit un détour pour ne pas traverser M'raier.

Il but l'eau de la seguïa et mangea quelques sauterelles à Sidi-Khelil où, « l'année de la neige » (1788), Salah-bey, seigneur de Constantine, et son armée turque, et ses canons de cuivre, avaient failli disparaître sous l'ennemie blanche que le soleil était impuissant à combattre.

Il dépassa le poste optique d'El-Berd en évitant l'oasis blottie entre les dunes, au bord du chott dont il n'aimait plus le miroitement, puis, au-delà du faisceau des jardins d'Ourlana, il vint dormir comme un pèlerin chez les Rahmanïa de Djâma.

A l'heure de la première prière, sous le ciel noir encore, il s'en allait par Sidi-Amran vers Moggar et Meggarine.

Djellali ne savait pas toute la gloire et la hardiesse

du combat que la France avait livré là pour prendre
et posséder définitivement Touggourt, la cité des
sultans de meurtre et de proie (29 novembre 1854).

Le soir du second jour de son voyage, il attei-
gnait les tombeaux des sultans; — sépultures qui
s'effritent, coupoles lézardées, noyées dans la lente
et sournoise montée du sable, refuge des corps
usés de bataille ou de débauche de cette perverse
et royale famille des Beni-Djellab, elles emprun-
taient au soleil couchant l'illusion de leur splendeur passée, quand elles étaient si blanches et que
des œufs d'autruche ornaient leurs angles. Comme
pour les garder immobiles et fidèles enfin à une
parole si souvent parjurée par leurs hôtes funè-
bres, un svelte et blanc monument portant la date
de 1871 fait sentinelle ; celui qui fut érigé aux quinze
tirailleurs et à leur lieutenent indigène massacrés
par une trahison arabe.

En pénétrant dans Touggourt, après un regard
étonné jeté au triste cimetière planté de croix françaises ensevelies sous la dune musulmane, Djellali
pria le Prophète d'assurer sa vie de chaque jour et
d'effacer ses traces sur le chemin parcouru.

Djellali bêchait une des plantations de Nezla,qui
est un faubourg de Touggourt, lorsque des chameliers de ses amis, venant du Nord, lui apprirent
que Fafann était mariée avec Azzouz le vieux.

— Louange à Dieu ! s'écria le fils de Mousfa.

— Fafann est belle ; elle aura beaucoup d'amants.

— J'y compte.

Et le Rouari continua sa besogne.

Mais il n'avait pas cessé de rêver des huttes et des jardins de son enfance. Sachant sa persécutrice enchaînée, il ne différa plus de les revoir.

Or, dès avant son arrivée, il sut l'infidélité constante de Fafann et la dernière aventure de Lakhdar.

Le vieil Azzouz oubliait souvent qu'il avait une femme jeune et gourmande pour aller dormir son sommeil sénile sous ses palmiers. Parfois, il se souvenait et rentrait à l'improviste dans sa maison.

Une nuit, Azzouz parti, Fafann ouvrit la porte à l'appel de Lakhdar. Bien avant l'aube, poussée par la main du vieillard, la porte béa de nouveau. A peine la petite épouse eut-elle le temps de cacher le larron sous un amas de laine fraîchement tondue.

Et jusqu'à l'heure où le mari cessa de jouir de son bien, l'amant s'ankylosa sur le sol battu, sous les toisons grasses et chaudes.

O Censeur, quelle imprudence t'a fait dire :

« Si ton champ est abondant en herbe et si ton bétail y trouve sa nourriture, il n'ira point dans le champ du voisin et tu n'auras point de part aux contestations et dommages. »

A cause de la gourmandise et de la fantaisie, le bétail ira toujours chez le voisin, ô Censeur !

Et la femme est l'animal qui n'est jamais rassasié, même de châtiment.

Effrontément, Fafann se reprit à poursuivre Djellali.

Elle le guettait aux détours des chemins brûlants de soleil et frais du voisinage des eaux. Une fois, elle se précipita sur lui, l'étreignit et le mordit au visage. Ce n'était plus une morsure d'enfant.

Quelqu'un passa.

Subitement dénouée, lointaine et menteuse, avec des gestes de pudeur indignée, Fafann pleura, jurant que le Rouari l'avait assaillie et voulait acheter son consentement. Pour témoigner de son dire, elle montrait une pièce d'argent qu'elle avait habilement fait glisser dans la poussière.

Azzouz prévenu prit mortellement ombrage du fiancé d'autrefois. Il intrigua si bien que Djellali quitta l'oasis pour longtemps.

L'exilé est à Biskra.

Une effervescence règne. Depuis l'avant-veille, la déclaration de guerre s'affiche sur les murs. Dans l'âme de la foule, on sent battre des ailes subites et passionnées. Tout à l'heure aura lieu un premier départ de mobilisés.

Au patriotique vacarme d'une Marseillaise soufflée par quelques cuivres, Djellali suit ces hommes qui portent des drapeaux en proférant des cris qu'il ne comprend pas.

La gare est envahie de femmes et d'enfants. Peu de larmes, beaucoup d'enthousiaste gravité.

Le métis veut partir aussi. Deux petites mains

noires le saisissent. Avec stupeur il reconnaît Fafann...

Ils se dévisagent sans paroles. Les yeux de la Rirïa implorent les autres yeux qui fulgurent. Mais bientôt Djellali hausse les épaules, trop certain de la délivrance prochaine et définitive pour se courroucer.

Et d'une voix indifférente :

— Comment es-tu ici, ô Fafann la rouée ?

Très humble, elle explique :

— Mon mari Azzouz est malade. Je suis venu avec Merïem pour chercher un remède.

En Saharien pour lequel la distance n'existe point, Djellali trouve naturel que la petite épouse ait parcouru un peu plus de cent kilomètres pour la seule raison donnée.

— S'il plaît à Dieu, le remède guérira ton mari.

Il s'écartait, calme et décidé. Mais Fafann le retenait. Ils se défièrent encore, les yeux du Rouari redevenus hostiles.

Doucement, mollement, la petite murmura :

— Je t'aime, ô le préféré.

Il se mit à rire d'un rire insultant.

— O l'éhontée ! Tu te souviens, à M'raïer, la nuit du Mouloud ?

— Je me souviens que la nuit du Mouloud tu m'as frappée sans me dire pourquoi.

Il marcha sur elle crachant une injure.

Elle se cambrait, arrogante maintenant.

— Si tu étais certain d'avoir vu, que ne répondais-tu au cadi et à mon père quand ils t'interrogeaient ?

— Je voulais être vengé par la méprise de l'homme qui t'épouserait.

Il s'est jeté dans un vagon dont la portière béait. Le train halète et roule subitement dans un grand fracas de choses et parmi des cris, des vivats.

Djellali, légèrement suffoqué mais ravi, ne donne pas un regard à Fafann, la mouche noire, qui sanglote couchée sur le quai.

Alger fascinait l'aventureux métis.

Appels des trams et des autos, roulement de voitures, cris des vendeurs de journaux, confusion des langages, mouvement et bourdonnement de la foule, tout ce vacarme multiple et unique des villes denses saisissait l'être primitif venu de si loin.

Ses yeux ahuris, perdus, fixèrent les palmiers d'un square et se retrouvèrent un peu.

Il faisait un temps de sirocco. Dans l'atmosphère couleur de perle mate, la grande mosquée, au-dessus des quais, rayonnait comme une koubba du Sud sous un badigeon de fête. L'esprit de l'Islam était en elle comme dans un écrin dérobant mal les feux d'une pierre ardente. L'Amirauté qui regardait dans le reflet des eaux miroiter des souvenirs de turqueries et de pirates, remémorait à Djellali les voûtes fraîches d'ombre et de silence du pays de Touggourt. Surtout, de toutes ses prunelles élargies, il contemplait la vaste mer, sa courbe nette à l'horizon, son épaisseur fluide, sa couleur si différente de l'émeraude tachée d'ocre et de sanguine des lacs de l'Oued-R'hir.

Son plaisir contemplatif épuisé, le Rouari montait vers les quartiers excentriques de l'ancienne Alger berbère, maure et turque. Il savait y retrouver des gens du Sahara et l'un de ses amis.

Le voici pris dans le réseau des ruelles et des maisons aveugles et hautes.

Là-bas le bruit, le souffle haletant des races laborieuses. Ici la paisible haleine d'une vie secrète, propice aux ombres furtives qui passent étroitement voilées.

Des escaliers creusés de rigoles, maculés de boues et de moisissures, polis par le long usages, vont se rétrécissant entre les murs troués de rares fenêtres grillées. Des faîtes de maisons penchées se rejoignent au-dessus de la rue ; les poutres transversales, noires d'ancienneté, ont des profils de bras tendus pour défendre l'approche ou prévenir la chute. Des portes basses, carrées ou ogivales, de petits contrevents verts, crèvent le plâtre des murailles. Ils donnent à la physionomie des logis l'attirance des prunelles de la sirène.

Maisons d'Islam, temples clos de l'intrigue ambitieuse et de l'amour charnel, sanctuaires où brûle sans répit le feu sacré de la tradition, quel est celui qui, frôlant vos murailles de ses mains profanes et étrangères, ne rêve pas le viol de votre demi secret ?...

Au seuil de l'un de ces cafés maures d'où les beuveries sont absentes, mais qu'emplissent les visionnaires, les insatisfaits doucement abrutis de kif et les sages désœuvrés, Djellali découvrit l'ami cherché, Ahmed ben Lebbous.

— Es-tu venu pour longtemps ? demanda Ahmed.

— Cela dépend de Dieu.

— Que feras-tu ?

— Une chose et puis une autre chose.

— Reste avec moi. Je suis serviteur chez ce kaouadji. Il te prendra.

Djellali regarde curieusement la rue étroite qui monte, qui monte... Les feuilles d'un figuier, quelques giroflées animent la paroi lépreuse d'une antique façade. Au fond des impasses gîtent des palais mystérieux. Il y a aussi des niches de *tolba* entourés de manuscrits jaunis aux senteurs de benjoin et de myrrhe, d'humidité et d'eucalyptus, — des boutiques d'herboristes ou de Beni-M'zab marchands de tissus ou épiciers, — des maisons aux seuils fleuris de prostituées, — une échoppe à la devanture embaumée de guirlandes de jasmin et de géranium rose... Des porteurs d'eau, l'amphore de cuivre à l'épaule, la gandourah courte ceinturée de cuir, heurtent aux portes fermées qui s'entrouvrent laissant voir une vieille gardienne édentée, ou un *moutchou*, gamin minuscule, ou une servante au visage fardé de noir et de rouge...

Le même soir, debout devant le foyer où la

braise rougeoyait entre les faïences bleues, Djellali faisait bouillir les petites mesures de café.

Les yeux larmoyants d'impatience, le Rouari s'accoude sur le comptoir de bois ciré par le frottement des étoffes et tend sa lettre au M'zabi qui sait lire.

Elle vient d'arriver portant le timbre de M'raier.

Le marchand, à la barbe noire et brillante entourant un visage jaune et mou, se met à déchiffrer lentement :

« Louange à Dieu !

« Le salut soit sur Djellali, fils de Mousfa et le salut sur Ahmed ben Lebbous, et sur tous nos amis, et sur ceux qui tirent de ceux-là leur origine, de la part de Ramdan, fils de Lourir, et de Saâd, et de Bou-Rezig. Salut.

« Nos cœurs sont attristés à cause de l'absence, mais la patience ne nous abandonnera pas jusqu'au jour de la réunion. »

Suivaient de longs détails.

Les événements s'étaient accomplis depuis tant de mois que Djellali avait quitté le Sud.

Fafann n'était pas heureuse. Ses flancs ayant porté une fille, l'enfant dès sa naissance fut étouffée par les vieilles femmes, — car Azzouz manifestait une grande colère et un grand mépris de ce que sa jeune épouse ne donnait pas un fils pour premier-né. Enfin, Azzouz lui-même venait de mourir, piqué par une vipère. En vain avait-on éventré son chien vivant et coupé rituellement la gorge de la bête dès les entrailles refroidies. En vain avait-on tenu la main piquée d'Azzouz dans le ventre du chien, jusqu'à la décomposition des entrailles guérisseuses. En vain, pendant quarante jours, avait-on nourri de lait le résistant vieillard. Azzouz était mort.

(Le pays, accoutumé aux morts mystérieuses qui viennent du suc des plantes et de l'œuvre des sorcières, disait qu'il était plutôt mort par Fafann que par le poison.)

Maintenant, Fafann devait épouser Lakhdar.

D'autres détails s'accumulaient : puits éboulés par le fait des génies, dromadaires perdus dans le chott, querelles pour le partage des eaux pendant les nuits d'arrosage. Les palmiers de Djellali comptaient parmi les plus vigoureux et la récolte serait abondante.

La lettre s'achevait :

« Que Dieu soit avec toi, qu'il te fasse rencontrer le bien. »

« Le salut sur celui qui lit et sur celui qui écoute. »

Djellali posa trois francs sur le comptoir du M'zabi.

Revenu à son poste, il eut une crise d'obscure souffrance. Il s'épouvanta de l'ombre des rues étroites. Il eut froid ; la braise fut impuissante à le réchauffer.

Echappé du café maure, Djellali marche devant lui depuis longtemps.

Il atteint le jardin d'Essai et descend l'allée des platanes ceints d'un pagne de lierre. Le vent a le goût de la mer. Il va sous la voûte bruissante des bambous et entre les lataniers d'où ruissellent, profuses, les fleurs des rosiers grimpants. Il tend des mains enfantines vers une grappe et fait fuir un essaim de frelons dorés. Il s'assied face à un palmier dont le stipe élancé projette le panache jusqu'à l'effleurement de l'infini. Au-dessus du Rouari, un ficus étire ses branches pâles et convulsées, chevelues de racines adventives. Les feuilles en lames de glaives des yuccas hérissent les pelouses.

Le jour décroît. C'est bientôt le soir.

L'exilé sait que, *là-bas*, les Rouara quittent les plantations... Ils reviennent vers les huttes, par les pistes encombrées de chèvres et d'ânes turbulents. Ils reviennent, environnés du large paysage sans ombre et sans ruse. Ils reviennent, l'esprit léger comme celui des enfants...

Djellali est jaloux.

Parmi ce décor exotique et exhubérant, mais où chaque arbre transplanté, chaque buisson élagué est devenu impersonnel, dans ce jardin où les parfums mêlés perdent leur violence primitive et les herbes leur goût sauvage, le métis voudrait retrouver un coin de terre saharienne et ne le peut pas. Les frondaisons sont trop vertes, le sol brun, la lumière décoloré, l'air mouillé, les senteurs indéfinissables.

Djellali reprend sa lettre. Il s'absorbe dans la contemplation des signes d'écriture indéchiffrables pour lui. Des parcelles du sable qui sécha l'encre restent fixées au papier...

— S'il plaît à Dieu, je partirai demain, pense Djellali subitement.

Mais il aimait l'amour et les figures blanches.

Il ne partit pas à cause d'une petite danseuse, cette Zitouna, — l'Olive. Elle le garda deux jours et deux nuits. Quand elle l'eut allégé du dernier sou confisqué par ses petites mains peintes, l'Olive prit son amant par les épaules et le poussa dans la rue.

Les moëlles et le cerveau vides, Djellali reparut chez le kaoudji qui le chassa.

C'était fini l'exil, fini !

Voluptueusement, les yeux de l'exilé retrouvaient les véritables palmes. Le bruit de la fuite des ruisseaux de Biskra passait dans son cœur comme une caresse.

Reins cambrés, pieds nus, une poignée de dattes et de sauterelles gonflant le capuchon de son bernous, ayant épuisé l'argent prêté par Ahmed ben Lebbous, le Rouari prit la piste du désert.

Le soleil s'en va, descend sur le fauve infini des sables. Djellali contemple l'éblouissante perspective du chott et la silhouette des dattiers d'Ourir.

Soudain perceptible, en berceuse, le murmure du balancement des palmes vient à la rencontre du revenu.

Et Djellali bondissant foule le chemin entre les plantations.

Alors il se met à chanter à pleine gorge.

Peu à peu des enfants sortent de la palmeraie. Ils grouillent et sautent, bruyants et nus, faisant escorte à celui qui arrive.

Joie dans la glorieuse lumière du couchant ! Joie dans le sourire des fleurs de grenadiers, le glissement des eaux, le coassement des grenouilles ! Une immense satisfaction de revivre emplissait le fils de Mousfa.

Ensira.

Le blond village est subitement ému comme une fourmilière heurtée. Des clameurs de surprise et de bienvenue accueillent Djellali. Seules ses marâtres ne se réjouissent point. La mère de Lakhdar soulève à peine sa tête appuyée sur le genou d'un barbier ambulant qui rase sa toison crèpue avec un couteau bou-saâdi.

Glorieux et plus imaginatif que véridique devant le nombre et l'attention passionnée de ses auditeurs, Djellali contait ses aventures.

Il bénéficiait d'un vaste rassemblement de métis. La fête de plusieurs mariages se célébrait. Des pieds calleux aux talons scarifiés martelaient sans répit les pistes. C'étaient les femmes vieilles et jeunes, drapées d'amples étoffes aux plis incohérents et beaux, cotonnade blanche, cotonnade bleue, lainages roses, verts, violets ou safranés, mousselines roides et fleuries. Un épais tissu imbibé d'huile rance couvrait leur tête et leurs épaules. A hauteur des tempes, un coquillage ou une plaque d'argent cloûtée de corail fixait un étroit bandeau. — C'étaient des hommes noirs et joyeux, des gamins bourdonnants comme des guêpes, des fillettes coiffées d'une multitude de petites tresses durcies de boue ou de pâte de henné, des ânes chargés d'oripeaux et d'instruments de musique.

Et il y avait six jeunes Rirïat aux visages fardés enduits de dattes pilées. Une raie de kehoul barrait leur front, réunissant leurs sourcils. Des cordelettes nouaient leurs draperies très bas sur les hanches. Des chaînettes, des plaques ciselées serties de pierres rouges et bleues, des miroirs gaînés de filali brodé, tintinnabulaient sur leur gorge aux seins durs, gonflés par le suc des plantes.

Elles étaient six petites mariées.

On avait attendu qu'elles fussent en nombre pour ne faire qu'une seule et plus belle fête.

Et sur la place ensoleillée d'Ensira, la foule forma un grand cercle autour de la danse des mariées.

D'abord imprécise, avec des notes aiguës, des appels d'oiseau gémissant, la musique s'évadait à travers les palmes, bientôt ramenée par le rythme au battement sourd et profond. Les danseuses commencèrent à se mouvoir, très lentes. Deux à deux, enlacées, le même voile cachant à demi leurs visages, elles firent le tour du cercle à petits pas scandés. Leurs mains, paumes renversées, se balançaient en gestes mesurés et nonchalants.

Mais les musiciens s'animèrent. Pénétrant dans le cercle, le joueur de *r'haïta* enfla le souffle du hautbois aigre et se livra aux contorsions d'un délire figuré. Les danseuses alanguies s'enfiévrèrent. Leurs seins vibraient, un frémissement secouait leurs épaules. Reins cambrés, hanches houleuses, elles semblaient défaillir.

Lasses, elles s'arrêtèrent. Ce fut le tour des musiciens seuls. Sur leurs fronts inondés de sueur, les assistants généreux collaient des pièces blanches dont ils leur redemandaient ensuite la monnaie.

Derrière la palmeraie le soleil coula.

La foule prit la direction de M'raier.

Djellali, s'en allant dormir dans un jardin, abolit le temps écoulé et voulut penser qu'il venait de voir les noces de Fafann et du vieil Azzouz.

Le ciel était grandiosement illuminé. Sa profondeur d'ombres aux transparences sans limites faisait songer à une superposition de voiles gemmés « couleur du temps ». Il n'y avait pas de lune. Ce grand sourire blanc manquait à la nuit, mais cette nuit était tout imprégnée et blonde de l'immense clarté diffuse rayonnant de tant d'astres épars.

Une somptuosité chaude enveloppait les palmiers et un murmure traînait sur le sol, porté de molécules en molécules de sable, venu de M'raier où s'accomplissaient les noces humaines.

Pour gagner son jardin, Djellali passa devant la maison des parents de Fafann. La métisse demeurait avec eux, divorcée de Lakhdar qui la maltraitait.

Le Rouari se souvint de la fiancée de jadis qu'il avait vêtue et parée. Il se souvint sans rancune. Peu à peu, il ne la condamnait plus.

Pourquoi plus que les autres eut-elle été rebelle au péché ? Pauvre gazelle noire dont le seul crime était de ressembler à ses grands-mères et de se donner comme une esclave ou comme une prise de razzia. Cela l'empêcherait-il d'être abondamment à un nouvel époux ?

Djellali eut le sentiment imprécis, mais flatteur, qu'il devenait supérieur et sage dans la logique d'une suite de raisonnements et de faciles déductions.

Le sommeil montait en lui.

Il s'étendit sur la terre souple et, les paupières déjà closes, découvrit qu'Azzouz avait bien fait de mourir comme Lakhdar avait été bien inspiré en se révélant brutal et en habitant désormais Tamerna qui est une oasis isolée des grandes pistes. Ses réflexions s'embrumèrent ; pourtant, il entrevit encore le jour où, fumant du tabac « araâr », il surveillerait le jeune labeur de ses fils à la fécondation des dattiers. En théorie alliciante, les filles d'Ensira, d'Ourir et de M'raier glissèrent aux pentes de sa vision.

Il balbutia :

— Est-ce *qu'elle* ne me tourmentera plus !...

Il dort.

Dans la nuit passionnément chaude, un parfum erre. C'est comme un souffle plein d'un goût d'épices et d'autres odeurs. Le parfum fait vibrer les narines de l'homme endormi dont voici la chair réveillée.

Une tiédeur de corps et d'étoffes l'effleure. Il se soulève les yeux ouverts...

Et, Booz de la terre sans moissons, Djellali voit Ruth, Fafann la métisse, couchée à ses pieds.

O Djellali, tu aimas conter la longue aventure de ta jeunesse !

Fafann revenait du puits les reins creusés par le poids de l'outre pleine.

Elle gronda tandis que vos enfants se suspendaient à sa draperie bleue.

Toi, tu t'allongeais, les yeux lointains, et nous t'entendîmes fredonner :

« En ce temps, elle vint à moi par le jardin.

« Son vêtement était entr'ouvert,

« sa chevelure dénouée...

« Je lui demandai son nom...

TOUTES LES FEMMES

A *Pierre Mille*,
à *Yvonne Sarruys*.

Agréable est votre pays, femmes algériennes.
Toutes vous avez bon air et bon visage.
Vous êtes comme un palais dont la coupole d'or
s'élèverait au-dessus de tout le genre humain.

Bédouine..., si tu ignores la coquetterie, tu es armée comme le fruit du Kicuhistan de toutes les qualités sauvages du désert.

(Fazil-bey.)

Ferme l'oreille aux discours sévères de celui qui défend les plaisirs de l'amour que ne sanctionne pas la loi.

Pour parvenir à tes fins, ne crains pas de parcourir l'hippodrome de la ruse et du mensonge.

Dresse tes rêts et prends ceux qui y tomberont.

(El-Hariri.)

LES JEUNES

A la dernière saison, Heunïa n'était qu'une enfant arabe sachant tous les mots et tous les gestes de la vie par ce qui s'en disait autour d'elle et ce qu'elle voyait chez ses servantes.

En fait, elle ne connaissait des réalités masculines que le visage de son frère, chef de famille, et d'un vieux serviteur métis.

Elle parlait de l'amour avec ces phrases précises et cette bouche savoureuse qui font croire à un art voluptueux chez les filles de sa race.

Leur vérité n'est qu'en belles langueurs, en attitudes suggestives, traditionnelles et inconscientes, en libertés de langage antique, un semblant de cynisme qui n'est que du naturel primitif, une sensualité où dominent l'éternel désir de la trahison et la passivité de la femelle obéissant non au sentiment, mais à l'instinct. Le cerveau ne participe pas aux sensations du corps qui peut être satisfait sans ivresse. On compte celles qui, par une rare prédilection du hasard, savent une fois tout l'amour.

Heunïa vivait à Liana.

Les fenêtres grillagées de la maison de son frère prenaient jour sur un jardin profond. Au-delà, c'étaient les terrasses animées.

Quand il fut décidé que Heunïa se marierait bientôt, elle eut d'étranges pudeurs, mais qui ne ressemblaient point aux manifestations virginales de l'Occident. Ses rêves provoquaient de telles sensations qu'ils la terrifiaient un peu, la laissant consciente que les fêtes de noces n'étaient pas accomplies et que, si les matrones *savaient*, elle encourrait leur réprobation.

Son tourment fut de courte durée. On lui dit que son époux serait le caïd de Zeriba. Elle se rappela l'avoir vu passer. Il était jeune et paraissait robuste ; mais elle s'appliqua à faire parler ses servantes surtout ce que les femmes de toute condition pouvaient savoir de lui.

Pendant quelques jours, entourée par les hôtes du gynécée, elle demeura exposée comme une idole écrasée du poids des offrandes aux yeux émerveillés des visiteurs. Puis, sans forme et sans visage, sous l'ampleur des draperies, on la mit dans un palanquin parmi le bruit de bataille des fusils brûlant la poudre.

Avec elle s'en allait une caravane de serviteurs et de tributaires.

Ainsi, somnolente, les cils baissés sur ses joues peintes, balancée au rythme des clameurs de son escorte et au pas de la chamelle qui la portait, elle traversa son grand village si soigneusement construit que s'y révélait le patient travail montagnard mêlé à la facile architecture saharienne. Elle passa devant la maison du cheikh dont les murs s'ornementaient d'énormes pierres prises à la rivière et si parfaitement rondes qu'on eut dit des boulets à l'usage des géants.

Sa caravane en liesse s'engagea parmi les galets du large lit de l'oued el Arab.

Sur l'autre rive, c'était El-Ksar, — ce hameau de la steppe, — une poignée de huttes, quelques palmiers au bord d'une mare creusée de main d'homme.

Fête des yeux !

Toutes les femmes des campements environnants, toutes celles que le labeur et la pauvreté dispensent du voile, s'affairaient lentement à la quotidienne provision d'eau. Leurs robes de couleur haut troussées sur les cuisses dorées, leurs beaux visages audacieux encadrés de bijoux barbares, les unes, accroupies, lavaient des draperies rouges et bleues sur l'envers de peaux de moutons tannées, les autres, dans la mare dont l'eau reflétait leur silhouette antique et jeune, remplissaient les outres à l'aide de bol en paille goudronnée. Les plus robustes chargeaient ces mêmes outres gonflées et ruisselantes sur de patients dromadaires agenouillés dans du soleil. Et, du dos d'une multitude d'ânes, des enfants dégringolaient avec des outres vides.

Les outres flottèrent abandonnées sur l'eau de la mare. Les femmes se ruèrent vers la fiancée dont la chamelle grognait dédaigneuse. Elles s'efforçaient d'écarter les tentures du palanquin ; mais elles ne virent qu'une figure fardée et immobile aux yeux clos. Alors, leur cri hululant de louange et d'allégresse stridula plus frénétique à cause de cette impassible qu'attendait la possession.

Au-delà d'un cimetière, ce fut le proche village de Badès. Voisin et ennemi médiéval d'El-Ksar et de Liana, sur un tertre isolé, unique dans la plaine vaste, il se posait en forteresse, ses maisons serrées dans une enceinte. La tour carrée et les murailles à meurtrières d'un ancien poste optique faisant corps avec lui ajoutaient à son aspect hostile. Les ruines romaines de Badias (limes Badiensis) flanquaient la face de l'Est. Dans les ruelles montantes, de fins chapiteaux de marbre et des colonnes cannelées gisaient sous forme de degrés. Vers le Nord, le mur descendait à pic sur une mare profonde et une famille de palmiers. Dans l'eau dormante, un troupeau de chèvres et de mules buvait l'image renversée du village.

Tout cela, comme le minaret élancé de Liana, s'effaça derrière la caravane.

Ce furent les terres nues d'Oum-el Arès et quelques tentes rayées de rouge des bergers Oulad-Naïls venus jusque dans le Zab-Chergui à la recherche des pâturages.

L'oued-el Arab et son affluent l'oued Guechtan se joignirent sur le sentier qui franchissait leurs méandres. Les jardins de Zeriba apparurent avec

les flèches des puits innombrables inclinées comme
des mâts de barques sous la houle et qui semblaient
inscrire des signes étranges sur le ciel.

Et quand Heunïa eut été rapidement emportée
dans son nouveau harem, il y eut encore une fête
de poudre et de victuailles.

A la mi-nuit déchirée du cri des femmes et du
hurlement des hommes saluant l'acte éternel, sans
protestations ni plaisir, dans la brutalité des gestes
sans paroles, Heunïa connut ce qu'elle avait rêvé.

Plus tard elle continua sa vie et les gestes sans
désenchantement ni joie. Elle fit une question d'a-
mour-propre de la fréquence des nuits que lui
donnait son seigneur.

Il lui arriva de désirer de plus amoureuses violences, quand les femmes racontaient que les gens
de Zeriba étaient de passionnés amants aux jalou-
sies si ardentes et si combatives que le caïd devait
faire expulser les prostituées des Naïl ou des Ou-
lad-Abdi montagnards qui s'aventuraient dans le
pays. Sans cela plusieurs hommes seraient morts
chaque jour.

Puis elle eut des enfants.

Et c'est là toute son histoire.

— Pour moi, je vivrais très bien sans amour, affirme
Mouïna. Mais je ne saurais permettre à mon mari
de se trouver dans l'impossibilité de me donner mon
droit, parce que « il va trop souvent au marché ».

Ce qui signifie qu'il fréquente le souk des hetaïres plutôt que celui des dattes. Il fréquente aussi la
salle de jeu du Casino.

La logique Mouïna proteste contre ce compagnon
joueur et fatigué.

Femme d'action, elle constitue des témoins devant
le cadi et voici son mari divorcé sans l'avoir su.

Mais la chose accomplie, ils pleurent ensemble,
car ils ne furent pas des ignorés de l'amour.

— O Mouïna, je suis un fou et la punition est
juste. Combien de fois m'as-tu dit : « Ne joue plus ! »

— Et encore autre chose, sanglote Mouïna. Certes ! si tu avais fait deux parts égales entre *elles* et
moi, tu n'aurais jamais connu mon ressentiment.

— Pouvais-je croire... Tu disais : — « Si dans
sept jours rien n'est changé, je partirai ».

— C'est aujourd'hui le huitième jour.

— Pour ma douleur ! Et le cadi du mal a ratifié
l'acte et les paroles qui séparent.

— Pourquoi ne pouvais-tu changer en six journées...

Mais c'est lui qui la réconforte :

— Ne pleures plus, mon oiseau, ma douce.
Vraiment, je suis le plus malheureux ; tu pars
et je reste à la maison vide de toi. Je t'aime, petite
amante.

— Je t'aime aussi ; mais j'ai voulu.

— Reviendras-tu plus tard ?

— Peut-être, s'il plaît à Dieu.

L'époux châtié accompagne à la gare sa femme

et sa belle-mère, les installe, se préoccupe de tout
ce dont elles peuvent avoir besoin, pose une dernière caresse sur les voiles refermés, et, bourrelé
de remords et de regrets, « retourne au marché. »

Gaie et plaisante, déjà mûre avec des yeux de
jeunesse et de malice éternelles, Sassia bavardait.

Et c'était sur une terrasse d'été.

Un champ immense s'offrait à notre vision. A
l'est, tout l'espace jusqu'au Djerid tunisien, les
oasis en traits bleus, l'Ahmar-Khaddou divinement rose. Au nord, des ondulations blanches et,
contre le ciel plus froid, les sommets tourmentés
et aigus d'El-Kantara. Au-delà, par une brèche de
l'horizon, l'Aourès chenu et magnifique. Les bizarres collines des Ziban, qui empruntèrent au
désert leurs formes de tentes et de pyramides,
chevauchent vers l'ouest et s'étirent sur le couchant.
Au sud, le vertige et la menace de l'infini.

— Qui se souvient de Mouïna la résolue ? interrogea Sassia. Elle est de retour. Son mari est mort
entre les seins d'une autre femme; alors, depuis la
guerre, Mouïna se prostitue dans les bains maures.

Le soleil devenait une boule incandescente piquée sur les Ziban. Les palmiers de Beni-Mora et de
Star-Mellouk se silhouettaient en violet-noir sur un
fond d'étrange somptuosité. Dans l'oasis d'El-Alïa
où nous étions, tout s'embuait de rose doré.

Des trottinements menus, des appels de chèvres

étaient autour de chaque maison. Les troupeaux rentraient. On les voyait disparaître par groupes détachés de la masse, au hasard des portes rencontrées et reconnues. Les trottinements s'accentuaient dans les escaliers de toub. Et les chèvres surgissaient sur les terrasses pour passer la nuit avec leurs maîtres.

Oh! ces terrasses que l'hiver ferait désertes et qu'animait maintenant toute la vie nocturne de l'été!

Inégales de dimensions, déclives, bosselées, prolongées entre l'écroulement de vieux murs que nul ne songe à relever, achevées brusquement sur le précipice d'une cour intérieure, effleurées par les palmes et par les régimes, elles portaient haut le village vers le ciel rafraîchi. Elles extériorisaient toute la vie des maisons. Des lits en bois de palmes recouverts de draperies féminines occupaient les coins choisis; plusieurs s'abritaient sous une cage en forme de palanquin; c'étaient ceux des jeunes époux. Les chèvres et les chiens s'affrontaient, bondissant entre les groupes qui partageaient le repas de la fin du jour. Des enfants déjà endormis, piétinés, ne s'éveillaient pas.

Fête de la couleur et du pittoresque!

Cela chantait en murmures d'hommes; cela vivait en gestes lents et tintants de femmes souples à servir; cela frémissait en sauts de cabris, en galops et en grognements de chiens pour un passant dans les ruelles pleines d'ombre.

Sous leurs koubbas vénérées, les ancêtres d'El-

Alïa, Sidi Brahim et Sidi Bou Khalfa, participaient
encore aux scènes familiales. Leur repos d'aïeuls
défunts voisinait avec le sommeil quotidien de leurs
petits-fils vivants. Leurs ombres heureuses n'avaient
rien perdu de ce qui les enchantait jadis, la douceur des enfants, la beauté des femmes, la sérénité
patriarcale des chefs des logis.

Sassia parla de sa nièce, Douda, la fiancée :

— Quand on lui dit qu'il faut fixer le jour pour
épouser son cousin, elle répond qu'elle est malade.
On attend qu'elle soit guérie et sa fantaisie recommence. Sa mère lui a demandé si elle préférait
un autre homme. Elle a protesté, affirmant qu'elle
se dérobait uniquement parce qu'il est décent
qu'une fille de race dont la virginité est certaine
s'ingénie à différer le premier événement de la
vie.

Nous connaissons Douda, sa délicatesse de fée,
sa bouche d'enfant, ses espiègleries de singe, ses
reculs de chat sauvage. Elle s'exprime avec l'assu-
rance et la netteté d'une matrone, bien qu'en écou-
tant les autres femmes elle paraisse toujours ne
pas les comprendre, les mains inactives, les yeux
lointains. A la fille d'esclave noire qui est sa suivante, sa chose, elle se livre et fait des confiden-
ces hardies de jeune être gourmand qui désire
mordre au fruit du savoir et de délice.

— Elle me ressemble, déclare Sassia. Elle simule
la peur comme s'il y avait un ver dans la datte

qu'elle veut manger ; après elle dévorera le dattier.

Et Douda perpétuera la tradition des plus belles et des plus fines femmes de sa maison. Elle sera reine et maîtresse. N'aimant point, rusée, offerte, sensuelle peut-être, rétractile et tentante, elle se fera beaucoup aimer.

Vers Filiach, une fumée monte, un feu luit doré dans l'ombre. Des Nomades pauvres ayant droit à la récolte de quelques palmiers campent là. Leurs tentes haillonneuses sont à peine plus hautes que les tumuli du cimetière qui les environne.

Poussière et fumée, ombres de la vie et de la mort... Douceur d'être lentement en égoïsme et en silence, de se sentir mourir très peu, jour après jour, de se rapprocher mollement de la terre, de s'y coucher sans surprise pour le sommeil pendant lequel on disparaît...

L'anéantissement peut s'accomplir en volupté tranquille...

Comme ce feu clair là-bas près des tombes obscures, tout flambe de ce qui est vie pour nous, tout flambe trop vite peut-être au feu du soleil et des palmes. Mais du moins nous n'en souffrons pas ; nous avons la seule sensation d'une chose subtile et parfaite qui s'évapore en or et en rouge dans les somptueux couchants.

Nous regardons la charmante et paisible Sassia.

— J'ai parlé de toi à mon mari ; il te trouve jolie, dit-elle un jour à sa voisine.

— Il se trompe, répliqua l'autre modestement.

Sassia fit mine de se fâcher.

— Prétends-tu qu'il ne sache ce que vaut une femme ? Nul n'est meilleur juge. Il les connaît toutes !

Epouse satisfaite, elle ignore la jalousie. Si la couche conjugale accueille parfois une seconde heureuse, Sassia s'endort, souriante, dans la satisfaction d'orgueil des instants innombrables qui furent siens et de tous ceux qui lui appartiendront encore ; — et elle sait qu'au noble étalon il faut le nombre de cavales.

Chair femelle qui se contente de vivre sa bonne vie animale sans tourment spirituel ni complication sentimentale, joyeuse pourvu que tous les actes prescrits et dûs s'accomplissent, elle est la compagne enviée suivant la tradition, plaisir du maître, sérénité du logis.

Ainsi, du levant au couchant, de la tente à la forteresse, le trait dominant de la psychologie des filles d'Allah reste le même : — vivre la vie sans souvenir ni prévoyance, se livrer à l'amour dans sa saison et son destin, avec un plaisir qui n'est pas la volupté, mais la tranquille jouissance féconde, et perpétuer sans appréhension des êtres qui vivront et agiront de même sorte, longtemps.

CELLES D'OURLAL

Un soir du premier printemps de la Guerre, Dahraoui sortit de sa maison isolée hors le village d'Ourlal, pour aller irriguer ses jardins.

Son tour d'eau devait durer toute la nuit.

Au seuil il rencontra une femme voilée et pensa que c'était une amie de sa petite épouse, venue pour la distraire et la rassurer dans la solitude. Ils n'échangèrent pas les saluts, car l'inconnue ne prononça point de parole ; ce devait être une jeune femme ; la bienséance commandait à l'homme de passer indifférent.

Il s'éloigna. L'inconnue poussa la porte et se trouva dans le patio de la maison.

Assise près d'un feu de palmes, la maîtresse du logis allaitait son premier-né avec le plaisir puéril et la sollicitude enfantine des maternités de quinze ans.

Elle répondit mal au souhait de paix de la visiteuse, parce qu'elle ne la reconnût pas. Cependant elle dit, ébauchant un sourire inquiet.

— Tu peux te dévoiler ; mon fils n'est pas encore un homme. Son œil trop neuf ne discerne pas les visages.

— Laisse-moi d'abord me réchauffer, répondit l'autre.

Elles restèrent silencieuses.

— Pourquoi ne me parles-tu pas ? fit enfin la forme voilée. Je suis Fafah bent Foudhil, amie de tes tantes. Comment parais-tu ne plus te souvenir de moi ?

La jeune hôtesse fut confuse ; mais son anxiété devint plus grande de ce que la mémoire lui faisait défaut.

Elles causèrent avec courtoisie. La mère coucha son enfant sur la natte entre elles deux.

Or, la visiteuse dut s'enquérir du retrait tenant lieu de latrines à la maison et disparut un instant dans l'obscurité. Et voici que la petite épouse inquiète et troublée, aux écoutes, à tels subtils détails auxquels ne se trompent point les femmes du Sud, sut *qu'un homme était là.* La forme toujours voilée revenait déjà près du foyer.

L'épouse de Dahraoui sentit son cœur mourir. Prétextant un objet à prendre dans la chambre voisine, elle s'y réfugia, chancelante et, doucement, referma sur elle la lourde porte en bois de palmier. Par les interstices, elle voyait le feu flambant, la mystérieuse et redoutable intruse, son enfant qui dormait sur la natte pareil à une poupée de chiffons et qu'elle n'avait pas osé emporter.

L'absence de l'hôtesse se prolongeant, l'autre, impatiente, se mit à tourmenter le nourrisson qui pleura.

— Que fais-tu, ô sœur? Hâte-toi de revenir; ton fils t'appelle.

— Je reviendrai quand tu seras loin d'ici, osa répondre l'enfermée.

Alors, la fraude fut certaine.

L'inconnue s'était levée d'un bond, jetant son voile dans le foyer. L'épouvantée reconnaissait Ghafaï, fils d'Achour, qui la poursuivait de son désir depuis qu'un jour, avant d'être nubile, elle avait joué à l'amour avec lui parmi l'odeur et le bondissement des troupeaux. Maintenant, parce qu'elle avait peur de son mari, parce qu'elle venait d'être mère pour la première fois, parce qu'elle se trouvait seule dans la maison, elle avait peur de celui-là aussi.

Le persécuteur déguisé était à bout de feindre.

— Reviens, cria-t-il, sinon je couperai la tête de l'enfant!

Il tirait hors du fourreau son couteau de bon acier qui était comme un rasoir entre les mains des barbiers officieux.

La mère restait muette. Elle était comme morte ou pâmée et ses yeux seuls vivaient réellement qui regardaient à travers les joints de la porte.

L'amant furieux coupa la tête du petit et, de son couteau rouge, essaya de disjoindre la porte primitive et sûre qui gardait la proie.

Mais les gonds et l'énorme loquet de bois d'olivier résistèrent.

Il creusa le sol sous la porte.

Il avait dépouillé ses vêtements de tromperie. Il était nu.

Quand l'ouverture fut assez grande, il y engagea sa tête et ses épaules.

Mais la femme, écroulée et palpitante derrière l'inutile rempart, étendit la main dans les ténèbres. Elle ne voyait pas ; elle sentait l'approche du démon meurtrier. Parmi les ustensiles, l'amas des objets familiers qui encombraient l'étroit espace, sa main folle saisit le peigne à tisser lourd comme une houe.

Et, sur la tête, sur la nuque dont ses pieds glacés éprouvaient déjà le contact, mue par un instinct sauvage, elle frappa jusqu'à l'épuisement...

Au petit jour le mari revint.

Le corps de son enfant décapité demeurait chaud près du feu mourant.

Il fallut l'aide des voisins et des pioches afin de dégager le cadavre de l'homme à la tête et aux épaules hachées.

On incrimina l'isolement du logis. La petite épouse fut félicitée et, pour une paire de bracelets, consentit à une maternité nouvelle.

Quand elle était si petite qu'un chevreau eut eu raison de toute sa force, Nadjia régnait déjà, — car l'enfant arabe est tout puissant dans la maison.

Aujourd'hui, pour une querelle avec sa grand-mère qui voulait la suivre derrière les figuiers, elle a pris la fuite, droit, loin devant elle.

Douze ans d'âge et cent années de malice !

C'est un démon de plus dans le chemin des hommes.

Habile au mensonge et à la simulation, elle a su se faire prendre par des caravaniers d'Ouargla. Ils l'ont prostituée dans un fondouk.

Mais jeune et active à l'amour vite appris, blanche parmi les Ririat sombres, elle s'est rapidement élevée du fondouk au café maure.

D'ailleurs, elle savait danser.

Une nuit, un homme veuf et riche l'emmène chez lui. Et comme le logis arabe a besoin d'une femme maîtresse, elle reste là, aimée du père et des enfants dont elle est à peine l'aînée.

Outre ses qualités d'amante, sa valeur précise est de savoir le tissage serré des bernous. L'homme veuf n'agissait pas à la légère en l'emmenant. Nadjia pourra vivre heureuse et honorée dans l'aisance.

Mais si quelqu'un passe devant la porte et fait signe à la jolie ou si elle entend quelqu'un chanter dans les jardins pour une femme, Nadjia encore s'en ira avec l'étranger.

Doucèn habitait Kora quand un voisin de son père, planteur d'Ourlal, vint lui dire ceci :

— Ta sœur est à l'hôpital et va mourir.

Doucen jeta un voile blanc sur sa robe jaune et courut jusqu'à la grande oasis où se trouvait l'hôpital.

Un malade convalescent ouvrit à ses coups timides et insistants. Elle le suivit à pas furtifs qui hésitaient dans ce lieu inaccoutumé.

Sous les arceaux d'une galerie, une religieuse fraîche et blanche réparait une chasuble, un drap mortuaire et des fleurs artificielles, rigides, sans parfum, décentes. Deux autres saintes filles en retraites passèrent, silencieuses et lentes, allant vers la chapelle dont une tenture rouge sombre voilait l'entrée pour mieux l'isoler du reste du monde. Un moment, elles s'assirent au bord de la galerie, entre deux piliers que le jour finissant poudrait de rose. Dans leurs robes couleur d'ivoire bouffant autour d'elles, sous leurs blanches capelines de soleil, elles ressemblaient à de grands oiseaux ébouriffés posés à terre et qui ne pourraient plus s'envoler.

Doucèn traversa un coin de la palmeraie de l'hôpital dont les allées étaient pleines de dattes cueillies et invendues en cette triste année, et qui séchaient étalées sur des litières de palmes afin d'éviter la fermentation. Une puissante odeur de miel et de sucre fondant stagnait alentour.

Une infirmière indigène, originaire d'Ourlal aussi, vint prendre Doucèn par la main.

— Qu'y a-t-il et que n'y a-t-il pas, ô Fedoua ?

— Des coups de fusils. Le moukhala et la poudre ont frappé, ô Doucèn.

Elles traversaient la cour du bâtiment des femmes où la visiteuse apportait brusquement la fête de

couleur de sa robe safranée parmi l'uniformité
bleue du vêtement des malades. De petites Musulmanes s'amusaient sans bruit. Avec un art délicat,
elles modelaient dans un peu de boue, en formes
minuscules, tous les ustensiles de la hutte saharienne
et même un troupeau de dromadaires. Quelques
cailloux, de la terre mouillée édifiaient la hutte.
Elles suspendaient à la poutre centrale,— qui était
un brin de mimosa, — un berceau, — qui était le
fond d'une boîte d'allumettes. Des chiffons figuraient
le nourrisson et les femmes : — « Car nous devons
bâtir un village de femmes, disaient les enfants ;
tous les hommes sont à la guerre. »

Doucèn entra dans la salle.

Une vingtaine de créatures de sa race étaient
couchées ou assises sur les lits, environnées, comme
des femelles jalouses, de leurs petits dont elles
n'avaient pas voulu se séparer.

Les bavardages et les plaintes se turent ; la
salle se réjouissait de cette libre forme vivante qui
pénétrait son ombre telle une lumière ; les femmes
se réjouissaient de cette autre femme qui, dans
l'atmosphère fade et nauséeuse, ramenait une vio-
lente et chère odeur d'essences et d'épices, de girofle
et de jasmin, de genièvre et de roses.

Doucèn vit sa sœur, maigre, douloureuse et
hagarde, tassée sur un morceau de natte qu'elle
avait préféré, à même le sol.

— O ma sœur, ma sœur venue ! O Dieu le Doux !
O ma compassion !

Et Doucèn accroupie l'embrasse infiniment de petits baisers légers et rapides sur la bouche.

Lentement, d'une voix nerveuse que la souffrance étrangle, la blessée dit sa tragique aventure. Un parent, après une discussion avec son mari, par folle vengeance déchargea sur elle le double coup de son fusil, à bout portant. Les projectiles lui ont brisé le bras en deux endroits et troué le ventre. Elle est enceinte de sept mois. Son mari l'a amenée sur un mulet qui marcha toute la journée. Ourlal est loin. Elle ne se plaint pas. Elle souffre beaucoup.

Doucèn caresse la face crispée de cette vieille de trente ans et baise encore les dents jaunes découvertes dans un rictus.

Sournoisement, avec le bref crépuscule, la nuit est venue et Doucèn a dû s'en aller.

— Demain, je reviendrai...

A la lueur d'une lampe, la blessée laisse flotter ses yeux vides sur les choses qui l'entourent ; les gestes las des femmes, les mouvements prestes des enfants qui rient aux propos licencieux échangés par les mères, les gestes précis de la religieuse de garde. Il semble qu'elle voit mieux Fedoua l'infirmière, Fedoua qui caresse, adore et terrorise un avorton orphelin, malade, pareil à un singe enfant, Fedoua qui, se sentant elle-même l'ébauche ratée d'une femme, chéri, cette autre ébauche ratée dont elle est l'épouvante et la prédilection.

Cette même nuit, la sœur de Doucèn accoucha d'en enfant mort.

Elle vécut encore deux jours, immobile sur son morceau de natte, environnée d'une odeur de sépulcre, puis ce fut son tour de mourir.

Le mari emporta la morte sur le mulet qui avait apporté la vivante.

Et cela fut une chose oubliée.

LES VIEILLES

De leur langoureuse jeunesse tôt évanouie, de leur
maturité féconde, il leur reste en souvenir physique
le kehoul qui n'a cessé de mordre leurs yeux entre
deux traits noirs, (certains yeux éteints semblent
avoir péri de cette morsure) ; il leur reste les mains
patriciennes, mais ridées, toujours caressantes, mais
sèches, toujours teintes de henné, comme trempées
de sang indélébile à peine rouillé ; il leur reste les
cheveux jadis déroulés pour la joie du maître et
qui ne sont jamais blancs, car l'impérissable coquetterie les garde aile de corbeau ou couleur de flamme ;
il leur reste des seins fanés dont la flétrissure les
console, puisqu'elles savent avec orgueil combien
de lèvres les connurent.

La mémoire de ces aïeules n'oublie rien des choses
charnelles.

Si une vieille Arabe souffrait profondément, ce
serait surtout de la perte de sa féminité amoureuse.
Elle la revit dans ses filles, dans ses petites-filles,
toutes les autres femmes qui n'ont pas encore cessé
d'être jeune. Elle regarde croître l'adolescente
comme le jardinier surveille un fruit mûrissant.

Dans le gynécée, nul tressaillement ne lui échappe pas plus que ne lui demeure inconnu le désir rôdant au dehors. Elle est, chez elle, la gardienne plus sûre qu'aucun muet du sérail, mais prompte à favoriser l'intrigue dans la maison d'autrui. Elle observe sévèrement la femme de son fils, mais ne saurait refuser de favoriser les caprices de sa jeune voisine. Et comme une autre vieille agit de même sorte pour la petite épouse que celle-là défend de la tentation, il se trouve que les femmes, la ruse et l'amour ne changent point de manière.

Si les « grands amants » vaniteux et héroïques savent dans quel logis est une fille au corps frais comme la feuille verte et dans quelle tente se trouve une créature ardente que la peur fait rire, c'est qu'une vieille a pris soin de les en informer.

Si l'amant pénètre au bain maure ou dans la maison travesti en citadine voilée, — si, dans la nuit, ayant affronté la dent du chien et le fusil du veilleur, il soulève le pan de la tente du côté où guette la désirée, c'est que la messagère caduque n'aura rien omis de ce qu'il fallait savoir pour réussir. Enfin, si, dès les premiers pourparlers, la petite fiancée apprend tout ce qui concerne le futur époux, c'est que la vieille se complaît à épuiser près d'elle un chapitre dont il n'est pas d'usage d'étudier les détails avec les fiancées d'Occident.

Ainsi partout se retrouve le geste passionné, le geste de la main peinte, ridée et experte de l'aïeule.

Immoralité relative.

Cette créature est logique selon son hérédité. Elle perpétue la morale de l'Eve qui, après n'avoir été qu'une proie, a su, tout en laissant l'homme persuadé qu'il continuait à la prendre, faire en sorte qu'il soit dupe et pris et réserver la part du Serpent.

Elle ne conçoit pas la vie sans le geste indiscontinu de l'amour, en elle, autour d'elle, par elle. Enfant, dans la promiscuité et l'insouciance du gourbi, de la tente, ou de la maison pleine, ses yeux ont tout vu, ses oreilles tout entendu. Fillette, elle a librement joué les jeux précoces. Adolescente, elle a pactisé avec l'ambiance archaïque du milieu. Femme, elle suivit la tradition et l'exemple. Aïeule, elle tressaille encore du plaisir des autres. Des bras maternels aux mains des laveuses de morts, son atmosphère n'aura pas changé un seul jour. Les premières paroles que son cerveau neuf chercha à comprendre étaient exactement celles dont son ouïe affaiblie par l'âge n'est point rassasiée.

Sévères et licencieuses, majestés omnipotentes et incontestées, les vieilles s'imposent au foyer musulman qu'elles défendent contre toute intrusion révolutionnaire ou dissidente. Sous les plis tombants des gandourahs ou des draperies molles, fières de leurs flancs ridées et de leurs seins vides qui furent laborieux, elles accusent encore en cambrure de reins, en regards infinis, un immortel plaisir de vivre et d'être, jusqu'au bout, *des femmes*, une force obscure, immense.

Un jour de noces, les vassaux du père de la mariée se rangèrent en cercle dans une vaste cour poudroyante de sable et de soleil. Des servantes noires s'écrasaient sous l'ogive d'une porte et hululaient en leur honneur. Ils étaient armés de longs fusils anciens et de vieux pistolets d'arçon, quelques-uns maniaient gauchement des armes modernes.

Le chef se tenait au milieu du cercle. Il invoquait le Prophète, faisait un grand geste de la main et toutes les armes dirigées contre terre, tonnaient dans un vacarme infernal.

A l'instant précis où les hommes tiraient, — et de telle sorte qu'elle semblait jaillir du sable soulevé par les détonations, — la vieille Traki bondissait dans le cercle enveloppé de fumée. Elle tourbillonnait comme prise d'un délire de danse guerrière et, à la faveur du bruit, soufflait à l'un des tireurs :

— *Elle* est arrivée ; qu'as-tu à lui dire ?

Elle prit ainsi les messages de sept amoureux, rentra dans la maison sous prétexte de légitime lassitude et, glissant parmi la foule soyeuse et tintante des invitées, transmit les messages aux sept femmes aimées ou désirées.

Plus tard, Traki l'officieuse, l'aspect momifié, la figure raidie entre ses tresses de laine noire mêlées de rares cheveux teints, la bouche perdue dans les rides, les yeux puissants et sournois dans le cerne élargi au pli des paupières fatiguées, Traki se pelotonnait aux pieds de la mariée hiératique.

Elle parlait. Sa voix à peine distincte suscitait de longs rires roucoulants, des chuchotements pleins de délices.

Puis elle chanta.

Toutes les femmes étaient heureuses jusqu'à la folie.

La mère du cheikh se rapprocha de son fils.

Elle n'interrogea point. Selon son adroite habitude lorsqu'elle voulait obtenir la confidence d'un souci, elle attendait...

Parfois, le cheikh ne parlait qu'au bout de plusieurs jours qui n'avaient pas lassé l'attitude patiente et attentive de cette femme dont la tendresse maternelle et la curiosité féminine restaient à l'affût.

La confidence obtenue, elle songea, spécieuse, prudente, rusée et perspicace, donna un conseil, trouva une solution dont le cheikh se réjouit, puis, courut chez sa voisine à laquelle elle avait promis son concours habile pour faire croire à la virginité d'une fille dont elle connaissait les amants et le futur époux.

Dans le jardin de figuiers et de vignes pendantes, la bonne aïeule aux formes épaisses balance un éventail sur le dernier-né de sa bru.

Dans la seguïa que leurs piétinements rendent

bourbeuse, deux gamins multiplient les plongeons des canards familiers.

Un beau garçon de douze ans, à califourchon sur un tronc d'arbre, taille au couteau des roseaux verts.

Sur une natte, à l'ombre, des servantes brodent en laine rouge des corbeilles d'alfa.

A voix haute et paisible, une Française conte des histoire de guerre. La mère et les enfants écoutent les yeux vagues ou plus attentifs à leurs jeux. — C'est déjà si vieux la guerre et fatiguant de durer encore après une année. — L'aïeule enveloppe tout de sa vigilance immobile.

— Puisque *vous* êtes sûrs de la victoire, dit-elle, pourquoi ne vengez-vous pas tout de suite et d'un seul coup les morts qu'on vous fait et qu'on nous fait chaque jour? Etiez-vous donc si épris de bataille sous votre sourire tranquille que vous poursuivrez la guerre jusqu'à la fin des temps ? Pour nous, nous nous étions accoutumés à la paix et c'est la paix que nous voulons.

— Il y a des raisons et des choses que vous ne pouvez comprendre.

Elle a un sourire de malice ambiguë qui défie et menace un peu, mais n'est pas méchant.

— Réjouissez-vous de ce que nous ne comprenons pas ; c'est peut-être pour cela que nous restons en repos.

La Française parle du dévoûment de ses sœurs de race près de tous les blessés, chrétiens et musulmans. Elle dit comment des reines pansaient des soldats paysans et des nègres.

L'aïeule secoue sa tête incrédule.

— Un femme noble ne s'abaisse pas aux soins de l'esclave, quelle que soit l'adversité. Ou ces femmes font ce que tu dis et ce ne sont pas des femmes de race, ou ce sont des femmes de race et elles ne le font pas, car le nègre ni le fellah ne les respecteraient plus. Elle ajoute, évitant la discussion : — Tais-toi. Tes histoires sont troubles et font dans mes oreilles le bruit du vent.

Les servantes rougissent qui firent preuve de trop d'attention. Elles courbent leurs têtes jeunes et charmantes entre les boucles d'argent massif et activent leur besogne.

— Cessez ce jeu, dit l'aïeule aux gamins.

Ils sortent de la seguïa et viennent s'asseoir près d'elle.

Et à l'aîné :

— Cours au soleil. Deviens brun comme un homme.

Il jette ses roseaux en soupirant :

— Quand je serai au collège, comme « mon seigneur » le veut...

Elle répond avec certitude :

— Tu n'iras pas tant que je vivrai.

Et parce que le poupon gémit, elle le pose sur les genoux de la mère qui lui donne le sein, silencieusement...

La paix absolue règne dans le jardin.

KHADOUDJE

Et Khadoudje chantait :

> Il est venu à moi quand tombait la nuit.
> Il m'a pressée à la taille quand tombait la nuit.
> Certes ! j'ai connu la fièvre de son bras !
> Et toute la nuit il a dormi contre mon flanc...
> Dormait-il vraiment ?
> Et le jour s'est levé trop tôt.
> Il s'est levé trop tôt non pour ma fatigue,
> Il s'est levé trop tôt pour mon désir.

Khadoudje.

Une femme vieillie avant sa saison, mais un fin visage à graver.

Elle s'environne de la fête argentine de ses anneaux. Son ample draperie souple et fleurie effleure les murs, traîne dans les escaliers à la manière d'ailes caressantes. Elle est active sans jamais s'inquiéter de l'heure ni précipiter un mouvement. Ses mains peintes, aux gestes lents et silencieux, ont une grâce ancienne et des lignes de race.

Elle prépare avec précision le kouskous quotidien, les ragoûts de viande au piment et aux abricots secs, le « kefta » haché et plié dans des feuil-

les de chou, la « chicha » où gonfle une pâte de
blé et que colorent les tomates, les « guenaouias »
onctueuses qui sont le légume par excellence, les
« bouraks » feuilletés à la farce savante. Khadoudje
est aussi très habile en d'innombrables pâtisseries
délicates dont le goût varie de l'amande pilée, du
cumin et de l'anis à la confiture de roses et au miel
de dattes.

Khadoudje eut un fils, mort enfant. Elle le
pleure en de certaines époques et dit à sa mémoire
un chant rauque où chaque note hoquète comme
un sanglot.

Sa vie fut pleine d'aventures.

On raconte que son père était caïd de l'oasis de
Filiach dont il possédait plus de la moitié par sa
fortune et sa naissance. Il maria sa précieuse et
jolie fille au descendant d'une famille princière
longtemps souveraine et glorieuse en Sahara :

— Un Bou-Okkaz, proclamait Khadoudje.

C'était là un des plus grands noms historiques
du désert.

Les loisirs de la première lune de miel se passèrent à ouïr les exploits écrits et parlés de l'il
lustre lignée.

De la longue généalogie, la petite épousée retenait peu de chose. Les hauts faits des femmes l'intéressaient davantage. Elle se rappelait surtout
comment l'amazone Oum-Hani avait tué son vieux
beau-frère devenu son second mari ; — quelles
querelles (avec des paroles que la tradition aug-

mentait de bouche en bouche), avaient éclaté entre
la fille d'Ahmed Bou-Okkaz mariée à un célèbre
Mokrani et la première épouse berbère de celui-ci ;
— la Kabyle et l'Arabe échangèrent tant d'insultes !
— mais la Kabyle fut la plus offensante. Le noble
père, accouru sur les plaintes de sa fille, voulait
tuer le gendre maladroit ; mais Mokrani savait se
faire aimer d'amour et sa jeune femme offensée le
défendit contre le châtiment. En revanche, il dut livrer son autre épouse cause du litige et Bou-Okkaz
donna cette Kabyle à l'un de ses esclaves noirs.

Khadoudje épiloguait longtemps sur cela. Elle
eut voulu retrouver les descendants de cette femme
et du nègre. Mais ils s'étaient perdus parmi d'autres esclaves ou n'avaient jamais voulu se faire
connaître.

— La Kabyle était peut-être stérile, supposait
une servante.

— Non, affirmait la curieuse ; les femmes stériles sont humbles et n'élèvent pas la voix.

Deux mois après les noces, Khadoudje fut lasse
de la généalogie magnifique et de la constante adoration de son seigneur, du zèle de ses servantes,
de la douceur de sa vie et de l'abondance des parfums.

Patiente et subtile, perverse par instinct et par
prédilection, elle mesura et mit en action les com-
plicités latentes qui existaient autour d'elle.

Un jour, un gros marchand la fit emmener par
une vieille qui déguisa la fugitive sous le voile des

femmes communes. Personne ne put la découvrir. Et la chose étant outrageante et irréparable, après quelques meurtres mystérieux, un silence plus sûr que la mort enveloppa sa disparition.

Khadoudje fut la compagne des nuits du gros marchand. Mais bientôt les prodigalités maladroites de cet homme l'obsédèrent. Elle utilisa la sourde envie et la servilité de ceux qui avaient mission de la garder tout en la choyant et s'en alla vivre seule d'amour anonyme et de ses bijoux.

Puis elle épousa encore un homme riche, mais dépravé, qui festoyait avec les Européens. Khadoudje eut plusieurs amants. L'un d'eux voulut l'avoir toute à lui ; il l'aida au divorce et elle le suivit dans le pays des Oulad-Djellal. C'était un moutonnier dont les troupeaux couvraient les pâturages de l'Oued-Djedi.

Mais Khadoudje supporta mal l'odeur de la laine. Des négresses la livrèrent à un commerçant algérois. La beauté de cette vagabonde et sa réputation d'amoureuse étaient telles que celui-là l'épousa aussi pour l'emmener dans sa ville.

Une nuit, Khadouje prit la fuite de terrasse en terrasse et finit par revenir à Filiach du désert·

Cependant, le caïd était mort. Les biens paternels partagés et dilapidés avaient disparu ou se trouvaient aux mains des prêteurs.

Khadoudje devenait vieille. Elle usa ses doigts fins pour assurer son existence et sa liberté plus efficacement qu'avec l'amour du hasard.

Ainsi elle est maintenant.

Il lui arrive d'aller en visites secrètes dans les maisons de ses anciens maris. Elle donne d'utiles conseils à leurs femmes.

Nul ne l'a beaucoup blâmée.

Elle est née avec une bouche ardente ; elle a bien fait de boire selon sa soif, pense-t-on. Le très grand nombre l'admire ; tous l'envient.

Nous écoutons le chant de la vieille amoureuse.

Ce chant pleure, il pleure toute sa brûlante jeunesse et sa volupteuse maturité. Il devient semblable à la plainte d'un félin pris au piège, — le piège de l'âge et de la flétrissure...

Le salut sur vous, ô notre Dame Khadoudje, ô l'Accueillante, qui saviez exaucer les vœux suivant votre toute volonté

LA LUNE DE FÉTE [1]

Au Meddah

1. Nouvelle lune qui termine le jeûne de Ramadan.

Mon esprit en a été troublé dès mon jeune âge
et cette ivresse m'accompagnera sans cesse.

(Omar ibn el Fared.)

L'épée qui n'a point percé les cuirasses et rompu les lances
ennemies a été elle-même brisée ;
Le cavalier qui n'a point renversé son adversaire a été
réduit à une honteuse fuite.

(El Moutanabbi.)

El Mahdi a abattu une antilope dont il a percé
le cœur avec sa flèche.

(Abou Doulâma.)

Peut-être à la porte de vos tentes, matin et soir,
M'attendez-vous comme on attend la lune de fête.

(Ahmed ben Daoud.)

KRALOUK

Kralouk est né au désert, près de ces ksour d'origine sacrée fondés vers le seizième siècle et inféodés à la grande zaouïa de Seguïat-el-Hamra.

Kralouk n'est pas un mystique. Il fut soldat, spahi, puis méhariste au contact de hardis garçons de France. Dans son logis, — une cellule des souks constamment fermée, — le seul siège, avec la natte du sommeil, est la « rahla » à l'arçon de forme cruciale qui jadis sellait son mehari.

Souvent *le sable bougeait dans la tête* de Kralouk. — Sa mère avait sans doute aimé un grand Nomade. — C'est ainsi qu'il avait quitté le service des réguliers, répudié sa femme, « harratine » du Gourara soumise et patiente comme une brebis, et brûlé sa tente.

Son mehari le porta au pays de l'alfa et des bergers nobles, là où jadis galopaient les autruches, le pays qui est entre Laghouat et les pâturages des Oulad-Naïl.

Il vint jusqu'à Bou-Saâda parmi les filles d'amour. À cause d'elles son corps et sa bourse s'appauvrirent. Il vendit sa monture. Un berger naïli lui

apprit la science du djaouàk, le court flageolet de
roseau.

Destinée.

Le roseau fut ensorcelé de toute l'inspiration
personnelle du musicien. Kralouk fit plus subtil,
plus violent, plus souple et plus âpre, plus fantas-
que et plus voluptueux, l'art musical barbare,
veule et langoureux, né sous les tentes rayées et
dans l'odeur fauve des grands troupeaux.

De ksar en ksar, de campement en campement,
le musicien va, vêtu de cotonnade blanche avec,
en sautoir, l'étui de cuir filali rouge où repose le
précieux roseau. La barbe grisonnante accuse l'automne de ce meddah, mais on le devine leste et
nerveux comme un chat sauvage.

A chaque halte, accroupi sur la terre nue, la
natte des cafés maures ou les tapis des maisons
riches, sourcils hauts, le front plissé fin par de sou-
daines rides, il élève lentement le djaouàk jusqu'à
sa bouche. Et l'instrument roucoule, rend des sons
perçants comme des cris, puis chante divinement.
Il chante aux lèvres de l'inspiré. La puissance d'expression de cette chose fragile est miraculeuse.

Les notes s'entendent ainsi que des mots. Le plus
souvent, c'est une chanson d'amant dont battent
les paupières des femmes, dont frémissent les narines des hommes et qui trouble les enfants attentifs.

Sur une vibration de douleur le roseau se tait.
Alors le musicien module d'une voix de tête :

« Louange à Dieu !

« Si je ne craignais Dieu, — que sa gloire soit proclamée ! —

« Je jurerais qu'elle possède toute la beauté.

« Mon œil a vu la pleine lune marcher sur la terre.

« Elle s'inclinait vers les uns et se détournait des autres.

« Saisi d'admiration à cause d'elle, je proclamerai la grandeur de Dieu. »

Le roseau reprend son premier roucoulement. Une variation, la poignante insistance d'une note répétée, un long cri désespéré ; c'est fini.

Quand l'instrument s'endormait dans sa gaîne rouge, la parole de Kralouk ruisselait, telle une eau abondante :

— Je suis un « goual ». Je suis celui qui conte. Le goual est le plus heureux d'entre les hommes, car sa mémoire est nombreuse. Il est plus sage, car l'enseignement de ses histoires s'ajoute à l'enseignement de sa vie. Son esprit est plus délié à cause de l'habitude de l'improvisation. Son allure est plus légère et son corps sans graisse, parce qu'il est un jour près de la mer, le lendemain sur le rocher et le jour qui suit dans le sable.

« Mon *djaouak* est l'aimant qui attire les hommes de goût.

« Si j'étais juif ou kabyle, je thésauriserais et je deviendrais prêteur. Si j'étais français, mon or se changerait en poussière. Si j'étais le Musulman citadin, j'achèterais des maisons. Je suis un goual ; je donne des colliers aux femmes à cause de la jeunesse et de la beauté et je reste pauvre.

« Il faut aimer les femmes parce qu'elles sont des choses jolies et passagères ; mais il ne faut point les prendre en considération. Le Prophète a dit : — « O Croyants, vos épouses et vos filles sont l'ennemie. Que valent-elles quant à la raison ? Elles sont nées d'une côte tordue ! » —

L'auditoire riait.

Mais Kralouk haussait les sourcils.

— Cessez ! Je connais une femme qui vaut plusieurs hommes tels que vous. Et c'est la fille de Daoud, agha dans le Tell.

« Le champ », — c'est-à-dire le harem de son père, était de quatre épouses et de plusieurs concubines. Il y « labourait » pour l'amour et pour sa descendance. Il eut quatre fils et cette fille. Les fils moururent quand la fille était encore une enfant. Mais elle dit :

— « Les yeux de mes frères ne voient plus. Leurs bouches sont vides. Leurs membres sont comme des branches coupées, ô mon seigneur, mon père, ne pleure pas. Donne-moi plutôt le turban d'Ali, le bernous de Brahim, le cheval de Merzoug et le fusil de Tahar.

« L'agha ne répondit point ; la douleur l'avait rendu sourd aux paroles de ce monde.

« Mais bientôt on entendit les sabots d'un cheval

battre la terre devant la maison en deuil. L'agha
sortit et vit sa fille, la toute petite, sur le cheval
dansant de Merzoug ; elle avait la bride aux dents
et tenait à deux mains le fusil de Tahar, le turban
d'Ali s'enfonçait jusqu'à ses yeux, le bernous de
Brahim flottait autour d'elle. Et elle criait :

— O hommes de l'aghalik, le fils de mon père
votre seigneur, est vivant !

« Depuis, elle s'habille en cavalier, galope la
fantasia avec le goum et vit librement. Peut-être
apprendrez-vous qu'elle est partie pour la guerre. »

La guerre....

Soudain le mot suscitait en Kralouk la fièvre des
choses anciennes, les étapes hasardeuses aux trous-
ses des « djiouch » sahariens qui savaient se battre comme ils savaient fuir.

— Et toute la guerre peut tenir dans mon
djaouak ! criait-il.

Le roseau repris s'exaltait en expressions fré-
missantes, en stridulations imitatives. Les murmures, les appels se précipitaient confondus, râlaient
en sanglots, mouraient en halètements confus,
rejaillissaient en chants victorieux. Alors éclatait,
subite, la voix nerveuse de Kralouk :

> O les hommes, les jeunes !
> O les enfants, les hardis !
> Crachez sur votre repos
> Et sur ceux qui ne se lèveront pas !

Haïat! ce jour est pour les amants des chevaux!
La chair de l'ennemi vaut mieux que celle de l'antilope;
Frappez et mordez!

O les fils d'Adam, chaussez l'étrier de la mort
et les éperons du succès.
Si ce jour est pour le sabre et la bravoure,
Demain vous verra avec le manteau des émirs!

C'est le soir du dernier jour de Ramadan.

Kralouk, des notables d'El-Kantara et ses principaux admirateurs, sont rassemblés sur le mamelon d'argile flamboyante, colorée et chaude encore de toute la lumière et d'où la vue embrasse l'horizon de ciel libre destiné à l'apparition du mince croissant de la lune de fête.

Ces hommes s'entretiennent gravement avant la salutation de la prière et l'échange des mots qui se réjouiront de la fin de la pénitence

Un an, un an déjà que les imans du désert et les mouftis des villes invoquaient la victoire de la France et de ses alliées presque au lendemain de la déclaration de guerre! L'accoutumance était-elle devenue si grande que cette année écoulée parût brève? Quatre saisons! Et le conflit durait. Et la sinistre vague ennemie, arrêtée, immobilisée, fangeuse, ne reculait pas encore. La lune d'août reparue pourrait seulement dénombrer les pâles visages de morts, plus pâles que sa pâleur bleue, sur tous les fronts de bataille, de l'Orient à l'Occident.

— Quand la folie des Turcs prendra fin, certes ! ils auront mérité leur défaite, dit un notable.

— Peut-être comptaient-ils sur nous tous... Mais qu'aurions-nous gagné à participer à cette dangereuse aventure ? Il vaut mieux attendre des vainqueurs assurés la récompense de notre fidélité. C'est assez de nos engagés qui meurent de la *mort rouge*.

Kralouk s'écria :

— Quels Arabes de race voudraient pactiser avec les Turcs ! Ils ont décapité les chefs bédouins qui complotaient pour l'indépendance et pour se libérer du joug humiliant des petits sultans de Constantinople ! Cela se raconte partout. Baghdad a refusé d'accueillir les fuyards de l'armée turque battue par les Anglais et chassé son gouverneur ainsi que tous ses fonctionnaires ! Les villes saintes du Nedjed sont en émeutes ! Les Turcs ne font pas la guerre sainte, mais servent ceux qu'Iblis a marqués pour la ruine et le châtiment ! Sacrilèges ! ils ont tiré sur la koubba de sidna El Hussein, mais leurs obus maudits n'ont pas voulu l'atteindre et les imans ont crié la profanation du haut de la chaire sacrée d'Ali. Et les Croyants ont battu les Turcs ! Et sur le tombeau d'Ali et sur celui d'El Hussein, ils ont juré haine et mort aux égarés, esclaves infâmes de l'Allemand infâme ! Cela se passait hier.

Il y eut dans le groupe un grondement d'approbation. La noblesse instinctive de ces hommes ne pouvait plus admettre l'avilissement avéré de la nation ottomane.

Soudain, deux jeunes gens passèrent qui se détournèrent du mamelon et poursuivirent plus rapidement leur chemin. Tous les visages devinrent austères ; les yeux suivirent d'un regard de réprobation et d'ennui ces deux passants du crépuscule.

— Ce sont *eux* que le beylik cherche, ... fit une voix.

— Ce sont eux.

— On a assiégé la maison de ce Ben Ouahab du Tell qui était le refuge des déserteurs. On l'a emprisonné ainsi que son fils. On a brûlé un douar où les fugitifs avaient reçu asile sans que personne, devant aucune menace, ait consenti à les trahir...

— On ne livre pas son frère même coupable.

— Pourquoi ont-*ils* déserté ?

— Il y a beaucoup de morts. Ils ont eu peur.

— Cela arrive quand on ne se bat pas pour son pays, mais toujours pour l'étranger encore que cet étranger soit un ami.

— Cela arrive même quand on se bat pour sa propre terre...

— Il faudrait crever les yeux des lâches afin qu'ils ne voient plus le chemin du retour !

— Il faudrait... Regarde à Dieu ; Il sait pourquoi.

La lune de fête apparut sur l'horizon. La louange d'Allah jaillit avec la joie des hommes purifiés.

Kralouk ne parlait plus.

Les autres rentrèrent dans leurs maisons. Il resta seul sur le mamelon rouge.

Et, bien avant dans cette nuit de réjouissances, le djaouàk effila vers le ciel et les monts aigus où bondissent l'antilope et le mouflon, une plainte infinie et triste, — triste à cause de ces deux passants du crépuscule qui rougirent la face de l'Islam français.

MOLKHEIR

Soleil et poussière.

Deux balayeurs indigènes aux vastes chapeaux nattés nettoient la route qui est aussi un boulevard de la cité saharienne. Ils soulèvent un nuage pulvérulent où vibre plus furieusement la lumière d'été.

Les hetaïres sortent du dispensaire, blanc bâtiment au fond d'un jardin. Les rutilances de leurs robes de fête en cette fin de jeûne et des folies de l'Aïd-es-Seghir, les reflets de leurs bijoux barbares éclaboussent les allées, les font pareilles à des ruisseaux roulant des soies, des sequins et l'éclair des yeux habiles. Des appels se croisent avec des rires. Ils rebondissent dans un échange de mots de plaisir ou de colère.

Ces Naïliat, à travers l'atmosphère sèche où leur présence ajoute une intensité luxurieuse, parmi le tintement indiscontinu et multiplié de leurs anneaux de parure et de richesse, ressemblent à de beaux et bruyants insectes heurtant leurs élytres.

Par groupes, elle regagnent leur didascalion, les deux rues étroites et longues aux balcons andalous fleuris de lanternes dès l'ombre du soir. Quelques-unes dont les charmes sont à vil prix se dirigent vers le village noir. Elles laissent traîner derrière elles la draperie des femmes pudiques, mais leur grossier visage fardé affronte audacieusement le soleil.

Et certes! d'entre toutes ces filles favorites de la volupté, la plus chère, la plus rouée, la plus aimée était Molkheir de Djelta. Et c'était elle qui torturait Smaïn jusqu'à le rendre falot comme un revenant.

Smaïn a consulté l'un de ces nécromants qui révèlent tant de choses.

— Molkheir se refusera à ton désir, dit le devin Cela est sur toi.

— Je lui donnerai de l'argent.

· Elle fermera sa porte.

- Je lui donnerai de l'or.

- Elle rira de ta passion.

- Je lui donnerai *la mort noire*.

- Et cela aussi est sur toi.

Le doigt cabalistique se posait parmi les bizarres taches d'encre maculant de vieilles feuilles de papier et sur les dessins les plus étranges d'un foulard de soie pourpre.

Smaïn s'en vint dans les rues de l'amour.

Assise au seuil étroit de son logis, comme ense-

velie dans les mousselines brodées de ses draperies, la cigarette à la bouche, dédaigneuse, décidée
à lentement choisir, Molkheir attendait les riches
affamés de caresses. Ils revenaient en ce soir de
plaisir ramenant le nombre de ces bons Musulmans observateurs des préceptes et qui évitent les
femmes durant le jeûne de pénitence. Au passage,
l'œil perspicace de la courtisane soupesait la valeur
de chacun et, pour se donner l'air indifférent, elle
causait à deux spahis trop pauvres pour jamais
l'obtenir.

— Plusieurs des nôtres sont partis avec le goum
de Touggourt qui va en Tripolitaine. Sans doute
rencontreront-ils bientôt les Turcs imbéciles, disait
l'un.

— On raconte que ces possédés torturent les
prisonniers.

— Pas plus que les gens du Maroc que nous
avons combattus et qui sont tranquilles maintenant.
Et pourquoi se laisser prendre? On se bat, on se
défend, on tue ou on meurt. Cela est tout.

Derrière Molkheir, blanc, étroit, mystérieux et
tentant, fuyait un escalier dont on n'apercevait pas
la fin.

— Laisse-moi monter, pria plaisamment un des
spahis.

Elle éclata de rire et lui cracha à la face.

— Quand tu auras gagné la bataille et le butin,
railla-t-elle.

Les soldats s'éloignèrent.

— Molkheir..., murmura Smaïn.

Elle affecta de cligner des yeux pour le découvrir et le reconnaître, puis jeta sa cigarette. Ses narines mobiles laissèrent doucement fuir un peu de fumée.

— Molkheir...

Ses paupières lourdes voilèrent ses yeux subitement pleins de cruelle malice. Ses mains peintes sur lesquelles retombait le poids fabuleux des bracelets caressaient son petit pied nu.

— Molkheir, je te donnerai beaucoup d'argent.

— Ya Khemissa ! cria-t-elle à sa voisine, voici un homme fortuné, prend-le.

Elle s'était levée. La clarté d'une lanterne s'accrochait à ses somptueuses boucles d'oreilles dont le reflet éblouissait sa figure mince, impassible. Elle paraissait très grande sous ses mousselines. Elle fit un mouvement pour rentrer dans son logis.

— Molkheir, haleta l'amant, dis-moi le nombre de pièces d'or que tu veux.

Cambrant le buste pour que sa tête dépassât l'ouverture de la porte et fut encore en lumière dans la rue, elle interpella une autre prostituée, une enfant presque, récemment arrivée des pâturages des Oulad-Naïl :

— Zeïna la neuve, tu n'as pas encore de collier ; voici quelqu'un qui le commencera. Donne-lui tes petits seins et ton ignorance.

Se penchant, elle saisit la longue bougie qui brûlait sur la première marche et, dans un beau bruit d'anneaux heurtés, monta l'escalier étroit.

Déjà son buste était invisible.

— Choisis-en une autre, dit un passant à Smaïn.

— C'est celle-là que je veux.

Les petits pieds nus de Molkheir disparurent au haut de l'escalier.

Smaïn a enfoncé la porte de la chambre de la courtisane. La bougie fondait sur le coffre enluminé recélant les vêtements de fête et les bijoux ; elle éclairait l'amas des tapis glorieux de toutes les étreintes.

Molkheir riait, hautaine, inflexible, dans le refus de tout son corps.

En rage démente, Smaïn a couru chez lui. Il a pris son argent et tous ses objets précieux. Il est revenu les jeter dans la chambre de la Naïlia.

Elle riait et repoussait du pied cette fortune.

Alors, il l'a éventrée d'un coup de couteau.

Et Smaïn est redescendu par l'escalier blanc et étroit, aussi dédaigneux, lent et calme que le fut celle qui ne le gravira plus.

Sur le banc funèbre de l'hôpital, Molkheir ressemble à quelque belle statue peinte couchée sur un tombeau étrusque.

Et l'arc de ses lèvres bleues est plus mince et plus aigu que le croissant de la lune de fête.

LES FILEUSES

Le beylik cherchait à se réapprovisionner de laine pour les vêtements des soldats, en ce second hiver de guerre.

Les Bureaux arabes, les Administrateurs et les adjoints indigènes reçurent mission d'acheter des toisons.

Plutôt que de les livrer brutes, le caïd d'Elchar préféra les faire filer. Ainsi des femmes d'engagés et des filles de spahis travailleraient et toucheraient un salaire.

Gaïla fut parmi les fileuse du caïd.

Dans un angle de cour, sous une galerie couverte abritant les régimes de dattes de luxe qui trouvaient lentement acquéreur en cette année troublée, parmi le rayonnement d'ambre et d'or des fruits mûrs, les fileuses se rassemblaient.

Elles étaient bientôt accroupies au milieu du floconnement de la laine et des monceaux de moelleux écheveaux déjà filés.

Elles s'érigeaient appuyées au mur d'ombre chaude et de toub.

Il y avait de vieilles fées tortues et guenilleuses, des filles de smaïlis vagabonds pareilles à des gitanes, avec de beaux yeux de perdition qui guettaient l'occasion du péché entre les hommes affairés dans la cour. Il y avait des femmes mystérieuses et de caractère hautain, des fillettes habiles, des adolescentes éprises de gains et de commérages.

Les quenouilles s'alourdissaient de laine. Les fuseaux viraient entre les doigts déliés. Le fil précieux s'allongeait souple et facile.

Plus que les fuseaux, plus que le fil, viraient et s'allongeaient les brins de l'écheveau des bavardages.

La cour du caïd et son harem, la vie restreinte de la petite cité, la vie nombreuse de l'oasis, tout se commentait et s'échangeait d'une langue agile à une autre langue effilée, d'une malicieuse cervelle à une autre cervelle maligne.

Elles s'apitoyaient avec cruauté :

— Femmes, disaient celles qui fréquentaient les communs du caïdat et, par la basse porte, pénétraient jusqu'au gynécée seigneurial, — femmes, avez-vous vu la jeune épouse ? Que son teint est jaune et comme elle devient légère !

— Il lui manque d'être féconde.

— Et sa sœur ? Est-elle grosse d'un enfant ou d'un abcès ?

— Elle est enflée de l'ivrognerie de son mari, cria Gaïla.

— Comment saurais-tu qu'il est ivrogne si ta mère ne te disait combien de litres d'anisette il boit chez elle !

Car Gaïla était fille d'une prostituée.

Et les femmes rirent en caressant Gaïla impudente, vicieuse et jolie.

Les bavardes poursuivaient :

— Je voudrais être stérile jusqu'à la mort plutôt qu'avoir enfanté cette Oulima, festin du démon !

Elles regardaient s'éloigner l'une des fillettes dont la tâche était terminée. — (Et Oulima est un nom signifiant festin.)

— Son père l'a engendrée « ben mezïa », (pour rendre service ou faire plaisir), — souligna encore Gaïla qui aurait douze ans après l'hiver et que l'automne saharien avait mûrie comme une datte.

Les fileuses se plaignaient avec amertume :

— Nous valons moins que les fruits des vergers du caïd ! Les fruits ont plus d'honneurs et une meilleure place.

— Nous sommes estimées moins que la laine. Le seigneur touche la laine avec des mains délicates et nous pousse du pied.

— Le soleil était-il levé quand tu as commencé l'écheveau ? Et quel sera ton salaire le soir venu ?

— Filez, filez pour que les Français donnent des couvertures aux cadavres de vos hommes. Filez pour toute la vie, car pas un mâle ne vous nourrira désormais. Certes ! ils seront tous morts bientôt. Et pas un ne revient, ne le savez-vous pas ?

— Ils ne se sont pas engagés pour la durée de la guerre, mais pour la longueur du temps. Et nous n'en verrons point la limite. Un jeûne et puis un autre jeûne sont passés; devrons-nous voir trois fois la lune de fête paraître dans le ciel de la calamité !

— On nous avait promis l'argent que le beylik donne aux Chrétiennes dont les fils et les maris se battent. Mais on nous renvoie du bureau civil au bureau militaire. Et cela aussi n'aura pas de fin.

— Ma mère m'a expliqué ce qu'il fallait pour être reconnue digne de l'argent, intervint encore Gaïla. Pourquoi ignorez-vous dans quelle « part de tribu » vous êtes nées ? Pourquoi avez-vous oublié le nom de vos anciens kebar ou de vos anciens chioukh ? Pourquoi ne savez-vous pas le jour et l'année de votre naissance et si vous êtes du temps des sauterelles ou du temps des corbeaux ? Pourquoi ne pouvez-vous dire le lieu où votre maître de famille est maintenant soldat ?

— Comment saurions-nous ce que les hommes ne nous ont pas appris ou ne connaissent pas eux-mêmes ?

— Nous sommes moins que les brebis du troupeau du caïd !

— On nous marquera comme des chamelles; alors, peut-être, le beylik nous reconnaîtra.

Elles devinrent médisantes avec délices :

— Qui se souvient de la fille de Hoummami ?

— Nous nous en souvenons.

— Depuis un mois elle est nubile et connaît plus d'étalons qu'il n'y a de jours dans la semaine.

— Avant ce temps, elle connaissait les poulains.

Les petites qui filaient sourirent, car toutes avaient joué avec la fille de Hoummami et aux mêmes jeux. Elles redressèrent avec fierté leurs bustes fragiles ; leurs minces hanches flétries tressaillaient.

Gaïla les dominait de son front de vierge impure et souriait comme elle avait souri en entendant les femmes parler tout à l'heure de la future lune de Ramadan. Lors de cette lune, il était écrit par Allah et décidé par la mère courtisane que Gaïla serait officiellement prostituée.

— Quant la fille de Hoummami se mariera, elle sera pure entre les pures. Vous féliciterez sa mère de sa vigilance et son époux de sa vigueur, reprenaient les bavardes.

— La « bien apprise » se moquera de nous ; mais nous lui ferons payer plus cher les amants qui nous la demanderont.

— Si Laroussi, ton voisin, ô Zohor, est-il généreux d'amour ?

— Fille du péché ! Informe-toi près de sa femme. Elle le compare à un écheveau de soie molle et embrouillée.

Les petites filles s'esclaffèrent.

Et les rires s'éparpillaient parmi le floconnement de la laine. Et les propos licencieux s'enroulaient au fil des fuseaux.

— Allah donne à tous les hommes la vigueur du palmier ! soupira Gaïla.

Accompagnée d'un serviteur du caïd, une Européenne traversa la cour, admira les êtres et le décor, puis, rapide, brandit un kodak contre les fileuses et disparut.

Véhémente, une jeune femme s'indigna. Et parce qu'une vieille jugeait le mal peu grave, l'autre vociféra :

— Vieille, ô vieille ! O proxénète ! aurais-tu pas mieux fait de chasser cette Chrétienne et d'empêcher la chose illicite ? Nous venons ici voilées pour que notre visage reste caché aux gens de la ville et, demain, grâce à celle-ci tous l'auront vu !

Mais la vieille ripostait ironique :

— Voyez la colère de cette fiancée ! Si tu n'es encore que cela vraiment, sois félicitée ô femme, sois félicitée !

L'offensée secoua un amas de chiffons tassés derrière elle et en retira un petit enfant somnolent :

— Si je suis une fiancée, celui-ci, d'où est-il sorti ?

La vieille cracha à terre.

— Que Dieu te le rentre dans le ventre !

Elles se dressèrent, visage contre visage, semblables à des coqs de combat.

— Tais-toi, ô l'éhontée !

— Toi, tu es née d'un piment !

Un des travailleurs de la cour dit avec calme :

— Les femmes sont comme les chiens. Si vous ne pouvez pas les battre sur l'heure, laissez-les hurler et aboyer jusqu'à la fatigue.

Gaïla, continuant à filer avec d'adorables gestes,
susurrait :

— Cessez, ô sœurs, cessez. A cause de vos enfants, cessez. Au nom de vos voisins, taisez-vous.

Et les femmes se turent, la voix cassée et mou-
rante, à bout de souffle.

Et le soir étant venu, chacune doucement s'en
alla par son chemin.

Mince et noueuse comme un jeune figuier des
oasis.

Jolie avec un visage couleur de terre brune où
de larges yeux profonds et sans éclat faisaient deux
taches d'encre noire.

Elle portait une robe écarlate agrafée d'or et
d'argent. Le voile qui retombait sur ses épaules
et jusques à ses talons était fixé aux foulards de
sa coiffure par une chaînette de cuivre.

Les mèches de ses cheveux teints cernaient ses
joues d'un reflet d'argile ensoleillée, d'où son nom :
Gaïla.

Elle retroussait des lèvres d'enfant sauvage, très
rouges, sur des dents bleuâtres et serrées.

Elle était à peine nubile.

Elle avait un amant noir de seize ans.

Elle en rencontrait de plus vieux chez sa mère ;
mais elle aimait son favori dans les jardins.

Un soir de fête hivernale, dans une année heureuse, elle avait été conviée à danser devant un
maître du génie littéraire français, dont elle devait

toujours ignorer la gloire et le nom. Le maître
avait voulu savoir l'histoire de la petite fille en robe
écarlate qui, éclairée par des feux de palmes, mi-
mait le désir et la volupté. Elle riait de cette curiosité sans but.

Gaïla filait avec une grâce singulière. Elle filait
d'autant plus que la saison était pauvre pour les
nombreuses marchandes d'amour. Son fuseau
virant, ralenti au bout du fil, était rapide à rouler,
d'un preste mouvement de la paume de la main
glissant sur la cuisse de la fileuse, pour reprendre
son vertigineux élan.

Au seuil de la chambre haute où, le jour, la
prostituée tenait cour plénière de beuveries et de
libres propos, parfois l'harmonie de son geste laborieux dominait confusément les hommes désœuvrés, ivres et libidineux.

Elle quittait les fileuses du caïd avant le coucher
du soleil.

Elle traversait le grand jardin du seigneur, si
vaste que l'on s'y sentait perdu comme dans une
forêt et paisible comme sous les colonnades d'un
temple.

La récolte se poursuivait lentement. Des hommes s'égrenaient accrochés aux troncs des palmiers.
Les pesants régimes passaient de main en main
pour s'aligner sur le sol sous le hérissement blond
des tiges coupées.

Dans certaines parties du jardin, régnait le désordre de la longue indifférence et du zèle momen-

tané, trop intéressé, des hommes avides. Les palmiers nobles laissés sans soins durant des mois, soudain environnés, assaillis à l'heure de la récolte, ressemblaient à ces chevaux de race abandonnés au hasard des maigres pâtures sahariennes et dont les maîtres ne se préoccupent qu'à l'heure où ils ont besoin de leur galop.

Des briques de toub s'amoncelaient ou s'éparpillaient brisées au bords des trous verdâtres où l'eau stagnait jusqu'à complète évaporation. Une large seguïa coulait bourbeuse. Un serviteur favori promenait un turban neigeux et une robe gris-perle à passementeries ponceau.

Des passants, des pauvres, des Nomades, des enfants, de très vieilles femmes et des hommes plus vieux pénétraient dans le jardin par les brèches de la muraille. Ils aidaient un instant à transporter les régimes ou à ramasser les fruits tombés et repartaient ayant pour salaire un foulard plein de dattes.

Gaïla souriàit au deïra qui surveillait cette foule.

Elle se glissait entre les obstacles ou bondissait telle une chèvre impatiente.

Elle franchissait le mur de clôture de la vaste palmeraie et sautait dans la suivante en criant :

— Je suis venue, ô le noir de mon œil et de mon cœur !

Si son amant tardait à répondre, elle allait ainsi de mur en mur et de jardin en jardin jusqu'à ce qu'elle l'eut rencontré.

Delloul, le nègre, luisant et beau à la manière d'un bronze neuf, l'étreignait rapidement, de cette étreinte brusquée et courte que les hétaïres musulmanes se plaignent de ne pas trouver dans les bras européens.

Avec toutes les apparences de la volupté, Gaïla restait sans joie et pensait à autre chose.

Si le propriétaire du jardin apparaissait, Delloul, plus agile qu'un chat sauvage, disparaissait dans un palmier ou de l'autre côté du mur.

Gaïla restait là, audacieuse, impudente, offerte encore à cet inconnu, ravie d'une nouvelle aventure et orgueilleuse de tous ces gestes qui étaient « le péché ».

Il arrivait que le maître de la plantation fût insensible au charme de datte verte de la petite intruse. Elle ne s'en formalisait point. Du moment où il ne la renvoyait pas brutalement, son corps mince, plus semblable encore à l'un des jeunes figuiers enlaçants et durs qui croissaient alentour, s'adossait au tronc d'un palmier, et, tirant d'un pli de sa draperie écarlate la quenouille et le fuseau, elle filait, adorable, souriante et hautaine.

Quand l'homme l'écoutait elle racontait coquettement de plaisantes histoires.

Les soirs où elle était chassée avec des paroles injurieuses, elle retournait à la ville par les grands chemins, dans la glorieuse beauté des lumières qui ne l'émouvaient pas.

Les derniers reflets du jour, accrochés aux angles

des montagnes taillées à facettes, tissaient sur la steppe une vapeur de clarté rose et d'or fondu mêlés en d'inappréciables proportions.

Au dessus des terrasses de la cité pointaient les fuseaux de laine noire des cyprès. Des touffes de palmes gris-tourterelle s'échevelaient languissamment. Les frondaisons de quelques frênes restaient claires comme une eau à peine verdie par un fond herbeux. La tête arrondie et frisée des gommiers se nuançait, telle la gorge d'un pigeon roucoulant.

Sur tout cela une paix immense...

Plus mince et plus jolie que le premier croissant de lune, pareille à une flamme claire, dansante et dangereuse, Gaïla glissait le long des chemins.

MULTITUDES

A mon père, à ma mère
pour m'avoir livré ce trésor : la vie.

Les sauterelles s'abattirent sur mon champ de blé.
Je leur dis :
— Ne mangez pas mon bien et ne le dévastez pas.
Un de leurs savants perché sur un épi
Me répondit :
— Nous sommes tes hôtes, il faut nous rassasier.

(El Asnai.)

L'homme n'est qu'une flamme légère ;
Après s'être élevée, elle se convertit en cendres :
Il ressemble aux bonnes résolutions que suggère la pitié.

(Lébid.)

Combien de temps couvriras-tu la terre des pans de ton
manteau ?
C'est elle qui, bientôt, te couvrira de son gravier.

(Zamakhchari.)

INVASIONS

En ce temps-là, surprise de ne pas rencontrer
en leur saison certains gestes accoutumés, j'ai
demandé :

— Pourquoi ne pas commencer les labours d'automne, ô gens des oasis?

— Nous avons peur, car la guerre n'est pas finie
et les papillons sont venus, répondaient-ils.

En effleurement de caresses, les ailes d'une invasion de papillons bruns nous frôlaient aux cheveux et aux lèvres.

Des pétrisseurs d'argile montrèrent leur face
mouchetée au-dessus d'une muraille déjà haute.

— Vous vous dites pauvres, ô les gens, et vous
édifiez des murs coûteux autour de vos cime-
tières!

— Nous avons peur, car les pillards viendront
comme les papillons sont venus. Et les tombeaux
seront violés, et ravagées les maisons, et dévastés
les jardins.

Invasion de papillons! papillons de velours
brun tâchés de fauve et de noir! Ils sont tel un
tourbillon de feuilles mortes. Ils font penser à l'au-

tomne d'une forêt d'Occident. Leur trop grand nombre jonche le sol d'adorables ailes brisées.

Papillons bruns, dorés et noirs, ils tombent sur les sillons anciens et se heurtent aux murailles dressées par la terreur des hommes.

Et c'est là le premier signe des années mauvaises...

Voici le second.

Elles sont partout à la fois, les sauterelles couleur de henné.

Quand elles deviendront jaunes, couleur de l'or ancien d'une monnaie sultani, ce sera pour la ponte et la menace d'une invasion pire.

Elles sont partout à la fois. Elles sont la pluie et la grêle. Elles étaient au Soudan ; les gens de Mouïdir, du Tidikelt et du Gourara les virent passer ; les voici au bord du Tell et bientôt sur le rivage.

Elles se posent dans les champs de blé vert ou d'orge et les terres de moissons deviennent semblables au désert. Mais à leur tour elles sont mangées par les hommes dont elles dévorèrent les biens.

Recueillez ce grain de misère et d'abondance tombé du ciel prodigue et sauvage, ô Sahariens ! Nourrissez-vous, ô ceux d'Aïn Sefra, du M'zab et de l'Oued-R'hir, ceux de Biskra, du Zab-Chergui, du Souf et de Touzeur la tunisienne. Nourrissez-vous !

— Nous avons épuisé la faim et la gourmandise.

Louange à Allah, parce que la faim renaît sans cesse de la gourmandise et la gourmandise de la faim ! Nourrissez-vous, sinon vous serez mangés ! Louange à Allah puisque le palais des gens du désert apprécie la saveur de ce met de compensation au temps de la calamité...

Le dattier a défié les sauterelles et les métis et les caravaniers les ont recueillies le long des troncs rugueux et des palmes.

Une fois, elles s'arrêtèrent pour dormir sur l'alfa des Hauts-Plateaux et les alfatiers allumèrent les touffes. Les flammes s'épandirent ; ce fut un brasier immense où tant d'ailes pétillaient !

Les Ksouriens en étaient repus ; les Nomades en emportaient la charge de plusieurs dromadaires ; les pistes se jonchaient de menus débris transparents ; au soleil on croyait voir de précieux fragments de verre antique et de coupes vénitiennes. Les dromadaires qui depuis longtemps n'avaient plus eu de grains, ruminaient en marchant les sauterelles de la dernière halte.

Une nuit, les habitants de Badès poussèrent toutes leurs bêtes de somme vers Zeribet-Ahmed où des vols s'étaient posés. Leur récolte fut de plus de quarante charges de mules !

Les sauterelles sont le blé du firmament.

Y aura-t-il assez de sel dans la montagne et dans le Sahara pour les faire cuire en leur communiquant le goût favorable ? Nous en mangerons pendant une année entière !

Les sauterelles sont une armée.

Le khalifa de Nefta a dû aller à leur rencontre avec deux mille hommes. Leur butin fut de huit mille sacs !

A l'aube, l'espace est couvert de leurs escadrons engourdis par la nuit. Cette épaisseur grouillante fait hésiter les chevaux au sabot hardi. Le premier rayon de soleil ondule et déploie la masse. Soudain, c'est l'envol innombrable de la multitude migratrice ruée à la conquête et à la destruction des jardins de la terre. Au soir, les hommes se mettront à l'œuvre contre elle, les uns pour se défendre, les autres pour se nourrir.

Nous étions à Sidi Hassen qui est un sanctuaire de Zeriba. Sur la rive gauche de l'oued el Arab il s'écrase et s'effrite entre quelques sépultures. Ses quatre gros piliers sans toiture ni arcades regardent les maisons du village accroupies sur les mamelons de la rive opposée. Des sauterelles fatiguées pailletaient sa porte et ses murs.

Sur une colline de détritus saccagée par les chiens, une foule d'hommes debout fixait un même point du sud-est. Ils guettaient encore l'apparition d'un vol, car ils n'avaient pas encore cessé d'avoir faim.

Les sauterelles voyagent sous le soleil. Elles sont

un voile passementé d'or entre le ciel et la terre. Contre les nuages blancs elles ressemblent à un tourbillon de sable.

Elles tombent.

Oh! les enfants, les enfants gourmands et joyeux qui les pourchassent et les recueillent! Les oiseaux voraces précipités sur les isolées! Les maigres chats joueurs et dilettantes qui les mutilent et s'en amusent! Les fennecs prévoyants et délicats qui les enferment sous les dunes au plus profond de leurs terriers!

Blé du ciel, manne du Baptiste, nourriture de celui qui annonçait le Messie dans le désert!...

Et ceux-ci sont l'invasion pacifique et amie, les compagnons de peine, de famine et de salut.

Porteurs de dattes, de grains ou de paille foulée, de toisons ou de buissons desséchés, ils arrivent sans interruption.

Ce sont des dromadaires de la race de Gabès, au poil laineux, à la silhouette trapue, capables de porter les plus lourds fardeaux. Ce sont ceux du Souf, hauts et sveltes comme des lévriers, le poil ras, les membres élégants et fragiles. D'autres ont une fourrure d'astrakan fin. D'autres, atteints de la gale, goudronnés, promènent de fantastiques corps de bitume, luisants, ulcérés de plaques velues et de croûtes écailleuses.

Ils appartiennent aux caravanes de Barika et du

Hodna oriental, du bas Sahara et des déserts de l'Est, des Ziban et des Oulad-Djellal.

Vus de loin ou de haut, ils pullulent comme des fourmis ou des chenilles processionnaires.

Il y en a de couchés qui ruminent. Il y en a qui, trois par trois ou deux par deux, mangent sur un pan de bernous la ration d'orge, de dattes ou de paille octroyée tous les deux jours.

Les partants et les arrivants heurtent les charges posées à terre, s'enchevêtrent, continuent à marcher droit devant eux, d'une allure égale, sans se soucier des obstacles, probablement sans les voir.

Grands animaux oubliés par le Déluge, survivants d'un autre âge et d'une autre faune, ils évoquent d'étranges formes et s'isolent des animaux de notre temps. Leurs yeux d'un noir parfait, toujours mi-clos entre des cils très longs, semblent vouloir garder les réminiscences de visions fabuleuses et magnifiques. Sous leur front étroit, ils portent haut une unique pensée d'indifférence d'où procèdent leur lenteur et leur soumission.

Agenouillés pour boire dans les eaux courantes, ils mettent sur les décors de grands profils vivants en prière.

Ils ont des répugnances et peu de vices. Parfois, au moment du rut sauvage, l'un d'eux devient fou d'amour pour quelque chamelle lointaine dont il se souvient subitement. Il bondit dans le désert sans que nul ose le suivre ni le retenir. Le plus souvent, il meurt à parcourir furieusement la distance.

Affamés, ils renversent leur cou souple et mangent le drinn qui bourre leur bât.

Ils ne secouent pas les enfants suspendus à eux comme des guêpes.

Ceux dont on ajuste le faix et ceux que l'on décharge, gueule ouverte, babines retroussées sur les dents longues, jaunes et menaçantes, protestent par des grognements qui rugissent. Une sorte d'instinct de solidarité les émeut ; si le grognement d'un dromadaire est plaintif, il se trouve immédiatement soutenu de la clameur générale, forte et irritée, de ses congénères.

Alors le chamelier dit à la bête, comme s'il parlait à un être humain :

— Lève-toi, mon frère.

Le grognon gémissant obéit ; les mécontents s'apaisent.

De vieux mâles exhalent un cri pareil à celui des fauves, clameur qui roule, indiscontinue et sauvage. Elle ébranle toute l'atmosphère. Elle annihile tous les autres bruits.

Les femelles qui mettront bas au printemps portent l'amulette préservatrice : un sabot d'ânon suspendu à un collier de laine noire.

Mais les hommes de cette saison n'ont plus de blé ni d'orge, et le Sahara épuisé de soleil et de sécheresse n'a plus de pâturages.

Mangez la dure épine brûlée du *kedad*, ô les dromadaires affamés !

Les Oulad-Naïl et tant d'autres ont vainement poussé leurs troupeaux décharnés jusqu'aux confins des terres d'Oum-el-Arès. De grands squelettes jalonnent les steppes vides comme des carènes de barques flottant sur une mer déserte...

Année de guerre, de sécheresse, de papillons et de sauterelles, année de famine et d'invasions : année d'Oulad-Derradj.

Les fils de Derradj, tribu entière, sont les rebelles, les mécontents, les agités, les pillards, les audacieux et les pauvres. Qui confinera leurs fractions errantes dans le Hodna où sont leurs origines et dont la terre garde leurs morts !

Ils descendent vers le Sud avec les derniers dromadaires portant les derniers moutons des troupeaux décimés par la disette. Pour une plaque de chiendent rencontrée au bord de la piste, toute la caravane s'arrête. Les hommes posent doucement les brebis sur le sol et les soutiennent, car elles ne peuvent plus marcher. Leur laine pend effiloquée, tombe par touffes, laisse voir la peau semblable à un cuir jaunâtre crevé par les os. Celles qui n'ont plus de laine sont enveloppées de guenilles empruntées aux haillons de leurs maîtres.

Quand tous leurs moutons furent morts ou vendus à vil prix, les Oulad-Derradj volèrent ceux des oasis.

Effrontés et insaisissables, on les surprenait toujours, on ne les tenait jamais...

Et nous entendîmes ces paroles :

— O mon frère, ne condamne pas celui qui prend lorsque le Rétributeur oublia de lui donner.

— O censeur, ces fils du péché n'entrèrent ni dans ton étable ni dans ton jardin !

— Ils y entrèrent.

— Que prirent-ils ?

— Louange à Dieu ! *ils n'ont pas pris, ils ont laissé;* ils étaient deux Oulad-Derradj et moi j'avais mon fusil ; j'ai tué celui qui, déjà, enlevait l'entrave de ma mule...

Les enfants de Derradj cheminaient vers les chotts.

Mais ils rencontrèrent les Souafa. Les turbulents se heurtèrent aux batailleurs. Ils se battirent comme autrefois et les femmes pleurèrent pour vingt et un morts.

Alors le gouvernement envoya des spahis.

Les spahis rassemblèrent les Oulad-Derradj qui fuyaient dans toutes les directions. Ils les chassèrent devant leurs chevaux à la manière d'un troupeau razzié. Les hommes impassibles pressaient la lenteur des dromadaires galeux hâtivement chargés des loques et des piquets du campement ; ils avançaient silencieux, l'œil sournois, attentifs aux détails du chemin, marquant dans leur mémoire toutes les possibilités de rapine sur un sentier de retour. Les femmes traînaient leurs haillons pluricolores dans la poussière ; leur fureur et leurs guenilles avaient participé à la bataille. Les veuves et les orphelines affrontaient les passants de leurs tragiques visages ensanglantés, déchirés par les ongles du deuil. Les enfants trottaient vite, stoïques et trébuchants, sans pleurs ni plaintes, serrant sur leur poitrine nue un chien nouveau-né, un chat éperdu, une poule produit d'un dernier larcin...

Ainsi la force et la justice repoussent l'invasion pillarde et meurtrière vers le Nord.

A la limite du territoire saharien, les spahis s'arrêteront. Les Oulad-Derradj dresseront leurs tentes loqueteuses. Ils regarderont disparaître les manteaux rouges, puis dormiront oublieux de la mauvaise aventure.

Et demain, ils redescendront vers le Sud.

PRISONNIERS DE GUERRE

La gare était gardée militairement, mais la foule
a rompu les barrières, débordant les territoriaux
confondus. Seule, la blanche masse indigène obéit
encore à une consigne qui lui est plus énergiquement exprimée et met au large de la voie ferrée
une houle moutonnante.

Le train arrive, serpent noir débusqué du Col
des Chiens et subitement éclairé par la plus resplendissante lune du désert.

La foule halète.

Quelques wagons de marchandises avec des bâ-
ches goudronnées, puis des wagons à bétail mi-
fermés.

Par les ouvertures étroites, la lumière blanchit
encore des faces jeunes et blondes, toutes semblables de traits, uniformes d'expression sous de
petites casquettes d'infanterie. Prisonniers de guerre, il y a là des hommes et de ces adolescents qui
paraissent taillés dans le bois de certains jouets de
Nuremberg. Pas un sourire, pas l'ombre de mélancolie, pas un reflet attentif sur ces visages. Ces
êtres que rien ne différencie l'un de l'autre font

penser à la figuration nombreuse et fatiguée d'une pièce de théâtre. Ils fument des cigarettes données au passage par quelque Française émue et apitoyée, ou peut-être une pacifiste, ou simplement un de ceux qui ne sauront pas se souvenir et oublient déjà le devoir de haine, devoir sacré que nous impose la Patrie sanglante.

Ils échangent entre eux quelques mots brefs. Leur calme s'inspire de plus de dédain et d'engourdissement que de dignité.

Ils fixent les lignes de palmiers et les maisons de ce pays où ils arrivent, où ils vinrent en d'audacieuses missions d'espionnage et de beaux hivers de fête et de soleil, où ils avaient la certitude de revenir, conquérants enfin rassasiés, porteurs d'une humanité prolifique, barbare et sans noblesse.

Nous songeons, devant ce troupeau capturé...

« La guerre est divine par ses conséquences d'un ordre surnaturel, tant générales que particulières.

« La guerre est divine dans la gloire mystérieuse qui l'environne et dans l'attrait non moins inexplicable qui nous y porte.

« La guerre est divine par l'indéfinissable force qui en détermine le succès.

« La guerre est divine dans ses résultats qui échappent absolument aux spéculations de la raison humaine[1]. »

La guerre est divine en ses châtiments, ô vaincus, qui ne viviez que pour la guerre !

1. J. de Maistre.

La guerre est divine, car, — vous nous l'avez
dit quand nous l'avions déjà deviné derrière le
marbre de vos faces blondes, — vous croyez encore
à la victoire.

Ils sont partout, innombrables, préférant la
captivité aux combats; — à Tizi-Ouzou de Kaby-
lie, à Fort-National, à Alger qu'ils avaient finan-
cièrement envahie sous les auspices mondains de
l'un de leurs chefs d'espionnage et où régnaient
en souverains leurs trafiquants de haut commerce,
à Tunis où ils suscitaient sans répit d'insidieuses
et vaines turqueries, au lazaret de Bizerte, à la prison centrale de Lambèse avec quelques-unes de
leurs femelles et de leurs petits de proie et ce géant
roux qui, sous prétexte de capturer des fennecs
dans les dunes, parcourait les Saharas avec de
mystérieux compagnons.

Ils sont à Rabat et à Casablanca, à Fez et à Mek-
nès, dans la Chaouïa et dans le Doukkhala marocains, terres favorites de leur infiltration sournoise.

Ils sont au désert. Fauve et dorée, pulvérulente
et blanche s'élargit la steppe autour de leurs campements. Ceux de Touggourt vivent dans le sable
et ceux du Zab-Dahraoui parmi le guettaf et les
zeïtas. Sous de grands chapeaux de paille et de
nouveaux vêtements, ils conservent leur lourdes
allures exemptes d'individualité; leurs figures ont
bruni sans changer de caractère.

Ils travaillent un peu, avec des velléités de mutineries ou tout au moins de mauvais vouloir. Un accordeur de pianos s'est révélé habile aux terrassements pour voies ferrées. Un magistrat échaffaude les pronostics sur l'issue de la guerre. Un sous-officier raille, dans toute la saveur de l'accent tudesque : — « Les tirailleurs, oui, et les noirs, oui ; ils courent vite pour venir contre nous ; ils courent plus vite pour s'en aller. — » Et c'est en courant qu'ils l'ont pris !

Butin de guerre, Barbares réduits en esclavage, subissez le génie du vainqueur ! Il fait de vous l'instrument sans pensée dont le labeur machinal réalisera les voies tracées déjà par nos petits soldats de France, les voies qui porteront notre civilisation paisible et sûre à travers un désert vivant.

A l'exemple des zouaves qui les gardent et donnent bénévolement à leur inguérissable fringale le surplus de leur ration, les prisonniers ont appris à creuser des fours primitifs à même le sol. Ils y brûlent du *djel*. Ils découpent les viandes sur leurs vestes retournées et la perspective du repas proche anime enfin leurs ternes visages.

La félonie leur est si familière qu'à une mission américaine de passage, ils firent surtout de faux rapports contre les officiers qui leurs témoignaient le plus de mansuétude. Ainsi se manifeste à travers l'histoire des siècles l'âme inférieure des ilotes.

Autour d'eux et de leurs traîtrises la solitude guette. Elle guette avec tous les yeux arabes attendant l'évasion possible.

— Que feras-tu si l'Allemand fuit, ô homme du Sahara?

— Je le saisirai.

— Il achètera ton aide et ton silence, car ces prisonniers sont riches d'argent reçu et d'argent volé.

— Je prendrai son argent, puis je le tuerai.

Nous nous souvenons du temps où ces prisonniers et leurs frères annonçaient dans tout l'Islam une Chanaan dont Guillaume II devait être le Moïse.

Ils parlaient dans un désert où de crédules et naïves oreilles sont éternellement ouvertes à tous les bruits et les yeux prompts à s'enchanter de tous les mirages. L'automne, l'hiver et le printemps 1913-1914 virent croître leur nombre. Ils circulaient avec des allures de prise de possession. Il y en avait de sédentaires et de nomades; ceux-là étaient armés de filets à papillons, ceux-ci de pièges pour prendre les renards des sables. Ils s'accompagnaient d'amis qui les traitaient militairement, en « ordonnances. »

Ils s'exprimaient en langue arabe avec une véhémence gutturale et une science définitive. Dans les bibliothèques sacrées des zaouïas, ils pénétraient presque la conscience islamique et ses aspirations, ils déchiffraient les commentateurs difficiles et lisaient couramment les manuscrits qu'épelaient les pieux *Khouan*.

Cela ne leur valut pas l'affection, — le geste teuton ne sait pas apprivoiser, — mais un semblant de confiance et une profonde attention.

Nous les avons surpris tant de fois, coupant net le discours spécieux, mettant l'orateur en fuite, réprimandant l'auditoire dont l'esprit complexe et enfantin se prêtait à recevoir la mauvaise semence comme les enfants et les primitifs qui préfèrent le mirage de ce qu'on leur offre à la réalité de ce qui leur a été déjà donné.

— Que vous racontaient ces « fils du mensonge ? »

— Rien... Des histoires...

Des histoires !... cela évoquait et demeurait comme un enchantement pervers.

Les vents de bataille se déchaînèrent sur le monde...

Nous avons écouté...

Un vent du Sud soulèverait-il à son tour l'Islam, — le véritable Islam, celui qui n'est pas une turquerie ? Mais pour que ce ne soit pas là un geste dément fatal à lui-même, il faudrait à toutes ses légions une âme unique. Celle du Koran ? Elle n'est plus *une*. Les Turcs lui taillèrent un visage brutal et faux, *à l'allemande* ; le cheikh snoussi lui conservera peut-être un profil énigmatique ; les Rahmanïa de l'Est et ceux de l'Ouest n'aboliront

pas leurs dissentiments ; les Tidjania du bas-Sahara
resteront fidèles comme autrefois ; les Kadrïa des
montagnes et les mystiques Chadelïa continueront
à vivre de leurs vergers et de leurs prières.

Quand la France était encore une étrangère qui
venait de vaincre par les armes, les agitateurs les
plus fameux et les mahdis les plus purs furent dis-
cutés des région à région, de çof à çof, et n'obtinrent pas le mouvement d'ensemble spontané et
l'élan durable qui assurent la victoire. Aujourd'hui,
gagné par l'amour, l'Islam nord-africain a pris la
paisible habitude de l'ordre.

Les prisonniers sont campés, — masse de réser-
ve, — dans le champ de manœuvre de Biskra, sous
des tentes et dans des casernements de toub selon
le mode de construction de la cité.

L'horizon magnifique les laisse indifférents, mais
leur veulerie apprécie le soleil. Ils se dévêtent, se
baignent dans la seguïa, jouent entre eux dans
la somptueuse lumière.

Les indigènes les regardent avec moins de curiosité que de satisfaction, ne s'inquiètant pas de
savoir combien des leurs et combien de Français
sont captifs aussi dans la froide et sinistre Allemagne. Ils s'éblouissent du nombre d'ennemis par-
qués là, qui se proclamaient invincibles et, sous l'é-
treinte de l'impuissance, se disent encore les plus
forts.

Pour l'âme arabe inquiète, tourmentée de désirs
qui se heurtent et s'opposent, ces hommes repré·

sentent une certitude, un indiscutable élément de
sécurité, la preuve irréfutable que les paroles et
les communiqués ne mentent pas, que l'espérance
indéfectible et affirmée n'est pas une crânerie folle, que la France sera victorieuse, qu'il est donc
légitime et préférable de lui rester soumis et même
de vouloir contribuer à sa victoire.

Un des prisonniers dont la destinée devait être
brève mourut.

Vingt-quatre ans.

Les infirmiers qui l'avaient loyalement soigné à
l'hôpital militaire le portèrent jusqu'au corbillard.
Des soldats rendaient les honneurs.

Le Gouverneur de la place, quelques officiers,
une délégation de chaque corps de troupes compo-
saient le cortège.

Lorsque le convoi passa près du camp, vingt
captifs blonds encadrés de zouaves s'y joignirent.
Ils portaient une couronne faite de deux palmes et
de fleurs en papier. Devant les tentes, huit cents
captifs s'alignaient pour un dernier salut.

Notre pensée suit un autre convoi d'une autre
saison.....

Le cercueil de la jeune Anglaise qui vint mourir au soleil a quitté aussi une chambre d'hôpital.
On l'emporte par la route droite entre les jardins
de palmiers. La colonie étrangère et quelques amis
l'accompagnent. Hors du parc, après un espace

nu dévoré de clarté, voici le cimetière, enclos
banal isolé au pied d'un mamelon aride. Quelques gommiers rachitiques, une touffe de lauriers-
roses près d'une fontaine ; la fosse est là, creusée
dans l'argile sèche. Un geste de bénédiction, l'ultime prière ; le cercueil de bois de cèdre, dépouillé
de ses fleurs, descend dans l'ombre chaude et le
silence infini.....

Les gerbes d'offrande au souvenir et à la mort
se sont desséchées sur la tombe de l'étrangère. Ce
sont de menus débris noircis parmi l'argile fauve
et craquelée. Cette terre dure s'est encore nourrie
d'une proie sans que sa stérilité puisse en être
conjurée.

Et voici une proie nouvelle.

Quatre compagnons de défaite ont déposé dans
le sépulcre le cercueil d'un autre étranger en pro-
nonçant une invocation brève...

Chair ennemie, dissous-toi dans ce sol où s'est
anéantie déjà la substance de plusieurs des nôtres,
de celui-là, soldat qui faisait partie de la colonne
du Sud et tomba à Bir-S'til, de celui-ci dont la stèle
en pierre rose des Ziban révèle qu'il « mourut de
soif dans le Sahara », de cette multitude tuée en
bataillant pour la conquête des oasis et du sable
ou fauchée par le choléra, et de cette énigmatique femme, dont la pierre funéraire dénonce la
main d'un amant, qui fut ensevelie il y a plus de

soixante années et de laquelle nous ne savons rien...

Vaincu et soldat, la mort en te rendant soudain anonyme te restitue à l'immense et glorieuse famille des combattants.

Nous te confondons avec les autres.

Ton origine et la leur ne se différencient plus. Elles se perdent dans la nuit du berceau des races.

N'êtes-vous pas tous descendus du même sommet quand la terre émergea des eaux et des ténèbres ? Pourquoi donc restiez-vous surpris de vous rencontrer dans la plaine et pourquoi vous haïr et vous battre, fratricides ?...

Il y eut un malheur pour vous ; rassemblés et divisés en groupes par des parités et des dissemblances de sentiments ou d'appétits, vous étiez devenus des peuples. A tour de rôle vous deviez passer en lumière sur la terrasse dominante de l'univers. Celui qui voulait y parvenir battait le précurseur lent à disparaître...

Mais toi, peuple germain dont le tour est passé, dont le tour ne reviendra jamais, descend dans l'ombre avec la vapeur de rêve et de cauchemar de ton ambition !

Pour nous, puisque nous restons au soleil, n'ayons plus de haine...

Mais ce berger nomade qui circule nous fixe d'un regard faux où l'incompréhension et quelque

obscure rancune transparaissent seules en sincé-
rité...

Nous ne sommes plus uniquement des fils d'A-
dam ; nous sommes des espèces différentes nées
de sa race et c'est ce qui ne peut s'abolir.

O mort, tu ne dois pas bénéficier de la magna-
nimité de la tombe. Tu es un Allemand. Tu reste-
ras *l'ennemi*.

C'est toi qui affames nos fils prisonniers, qui
rases les monuments de notre gloire ancienne, qui
mutile nos enfants et souille nos femmes, qui dé-
vastes notre sol que convoitait ta faim insatiable.
C'est toi le maître des rapines, du mensonge et
de l'ignominie. C'est toi qui de la guerre divine fait
la guerre infâme.

Une fois, hélas ! nous avions tout pardonné,
d'un pardon absolu, facile et naturel à notre âme
généreuse. Notre sensibilité et de trop vastes
leçons de noblesse nous trahissaient. Mais vous,
les Barbares, vous avez porté le fer et le feu salu-
taires dans la faiblesse dont nous souffrions ; vous
ne saviez pas que vous la guéririez et que d'un
geste inouï, Prométhée rompant ses chaînes, elle
vous jetterait à la face le sang de sa blessure, un
sang dont vous êtes aveuglés !

Vos esprits sont les « mangeurs de choses im-
mondes » ; comment eussent-ils reconnu les aliments de notre idéalisme ?

Vous êtes un chiffre noir en marge de la page

d'humanité dont nous sommes la phrase expressive et claire !

Cependant, inscrivez cette victoire : à notre nation d'amour, vous avez appris la haine qui vivifie et qui sauve.

Août 1914 — janvier 1916.

TABLE

—

Poitiers. — Imprimerie G. Roy, 7, rue Victor-Hugo.

LIBRAIRIE ACADEMIQUE PERRIN ET Cⁱᵉ

Pierre NOTHOMB. — **La Belgique martyre.** Brochure in-16...... » 50
Les Barbares en Belgique. Préface de H. Carton de Wiart. 12ᵉ édit. 1 vol. in-16................... 3 50
— **Histoire belge du Grand Duché de Luxembourg.** 1 vol. in-8°. 1 »
— **L'Yser.** — Les Villes saintes. — La Victoire. — La Bataille d'été. — Un volume in-16................. 3 50

Henri LAVEDAN de l'Académie française. **Les Grandes Heures 1914-1915.** 1 volume in-16.... 3 50
— **Les Grandes Heures.** Deuxième Série. Février-Août **1915.** Un volume in-16......................... 3 50

André HALLAYS. — *En flânant.* — **A travers l'Alsace.** — Mulhouse. — Colmar. — Sainte Odile et Obernai, etc. 1 vol. in-8° écu avec grav... 5 »

Edouard SCHURÉ. — **Les grandes légendes de France.** Les légendes de l'Alsace, etc. 1 volume in-16. 3 50
— **L'Alsace française.** Rêves et combats. 1 vol. in-16............... 3 50

G. LENOTRE. — *La Petite Histoire.* **Prussiens d'hier et de toujours.** Un volume in-16.............. 3 50

Henri MALO. — **Le Drame des Flandres.** Un an de guerre. 1ᵉʳ Août 1914-1ᵉʳ Août 1915. 1 vol. in-16 avec 5 gravures,................... 3 50

Olivier GUIHÉNEUC. — **Dreadnought ou Submersible?** 1 vol. in-16...................... 3 50

Abbé Augustin AUBRY, prêtre du diocèse de Beauvais. — **Ma Captivité en Allemagne.** Lettre-préface de Mᵍʳ Baudrillart. 1 vol. in-16.... 2 50

Teodor de WYZEWA. — **La nouvelle Allemagne.** 1 vol. in-16. 3 50
— *La Nouvelle Allemagne.* 2ᵉ série. Derrière le front « boche ». 1 volume in-16........................ 3 50

El. ALTIAR. — **Journal d'une Française en Allemagne,** juillet-octobre 1914. Préface de Charles Vellay. 1 vol. in-16.......... 3 50

William VOGT. — **La Suisse allemande au début de la guerre de 1914.** 1 volume in-16......... 2 »

Paul BALMER. — **Les Allemands chez eux pendant la guerre.** De Cologne à Vienne. Impressions d'un neutre. 1 vol. in-16........... 2 50

Maurice GANDOLPHE. — **La Marche à la Victoire.** Tableaux du front, 1914-1915. 1 vol. in-16......... 3 50

Francis CHARMES, de l'Académie française. — **L'Allemagne contre** l'Europe. **La Guerre 1914-1915.** 1 volume in-16................. 3 50

Jules MONT. — **La Défense nationale et le Parlement.** 1 vol. in-16. 3 50
Souvenirs d'une Institutrice anglaise à la Cour de Berlin, traduits par T. de Wyzewa. Le « jeu de guerre » du comte Zeppelin. — Le Kronprinz et sa femme, etc. 1 vol. in-16... 3 50

Fernand LAUDET. — **Paris pendant la Guerre.** 1 volume in-16.... 3 50

Général F. CANONGE. — **Histoire de l'Invasion allemande en 1870-1871.** 1 volume in-16.......... 3 50

Fernand-Hubert GRIMAUTY. — **Six Mois de guerre en Belgique par un soldat belge.** Août 1914-Février 1915. 1 volume in-16..... 3 50

Gustave SOMVILLE. — **Vers Liége.** Le Chemin du crime. Août 1914. 1 volume in-16................. 3 50

Charles BAILLOD. — **Pourquoi l'Allemagne devait faire la guerre.** 1 volume in-16................. 2 »

René PINON. — **France et Allemagne** (1870-1913). Les Nécessités permanentes, 4ᵉ édition. 1 vol. in-16 avec une carte hors texte...... 3 50

Jean PELISSIER. — **Dix Mois de guerre dans les Balkans.** (Octobre 1912-Août 1913). 1 vol. in-8° écu. 5 »
— *Une Enquête d'Avant-Guerre.* L'Europe sous la menace Allemande en 1914. Un volume in-16.... 3 50

Bernard DESCUBES, brigadier au 60ᵉ régiment d'artillerie. — **Mon Carnet d'Eclaireur.** Août-Novembre 1914. Un volume in-16..... 3 50

Georges MAZE-SENCIER. — **Les Vies héroïques.** Un volume in-16.. 3 50

Gabriel FAURE. — **Paysages de Guerre. Champs de Bataille de France et d'Italie.** 1 vol. in-16. 2 50

Gabriel DOMERGUE. — **La Guerre en Orient.** Aux Dardanelles et dans les Balkans. Un volume in-16.. 3 50

Fernand ENGERAND, député du Calvados. — *L'Allemagne et le fer.* **Les Frontières lorraines et la force allemande.** Un volume in-16.. 3 50

Marcel POETE. — *Une Première manifestation d'Union sacrée.* **Paris devant la menace étrangère en 1636.** Un volume in-16................. 3 50

Claude PRIEUR. — **De Dixmude à Nieuport.** Journal de campagne d'un officier de Fusiliers marins, Octobre 1914-Mai 1915. 1 vol. avec cartes. 3 50

MAGALI-BOISNARD. — **L'Alerte au Désert.** La Vie saharienne pendant la guerre. 1 vol. in-16.......... 3 50

Paris. — Imp. E. Capiomont et Cⁱᵉ, rue de Seine, 57.